はじめに

　2024年現在、キャッシュレス決済の手段・方法は多岐にわたるとともに、店舗販売での有人・無人決済、インターネットショッピングのような非店舗販売での決済など、さまざまな場面において決済できるようになりました。

　キャッシュレス決済の普及が進む過程をみると、「法律的な側面の整備」「技術的な側面の発達」双方に、日々の進化がみられます。決済手段であるがゆえに消費生活との密接性は高く、消費者が日々利用するときのみならず、消費者トラブルとなった際の消費生活相談においても、そのしくみやサービスについて正確な知識を有しておくことは必須といえます。

　このようなことから、キャッシュレス決済のしくみやサービスに関しては現代の消費生活上、必要不可欠な知識であるといえます。そこで本書では、キャッシュレス決済のしくみやサービスを分かりやすく解説するとともに、消費生活相談において相談者（消費者）から聴き取りする際の注意点などについても分かりやすく解説することに留意しました。

　本書は、ウェブ版「国民生活」に2022年6月号から2023年10月号まで連載した「多様化・重層化するキャッシュレス決済」（第1回～第16回）について、国民生活センターから書籍化のお話があり、内容を一部更新し、一冊にまとめたものです。

　消費生活相談業務に従事している行政職員や消費生活相談員、これから消費生活相談員になるための勉強を始めたいと考えている方、また、キャッシュレス決済について学びたいと考えている方たちにも、ご活用いただければありがたく思います。

2024年12月

山本　正行

目　　次

はじめに……………………………………………………………………………………… i

第1章　キャッシュレス決済の基礎知識 …………………………………………… 1
　日本がキャッシュレス決済を推進する理由
　　　＊図　国内キャッシュレス決済の動向
　キャッシュレス決済の状況
　キャッシュレス決済の方式
　　　＊表　支払い方式の整理
　後払い（クレジット）
　即時払い（デビット）
　前払い（プリペイド）
　前払式支払手段で資金移動の枠組みを用いるもの
　その他補助的なもの

第2章　国際カードのしくみ（1） ………………………………………………… 6
　国際カードの概要
　クレジットカードの見方
　　　＊図1　クレジットカードの表示内容（例）
　国際カードに関連する事業者とその役割
　　　＊図2　国際カードに関連する事業者
　事業体からみた決済代行会社の種類
　　　＊図3　決済代行会社の類型

第3章　国際カードのしくみ（2） ………………………………………………… 11
　国際カードの取引の流れ
　　　＊図1　国際カードの取引の流れ（Visa、Mastercard の場合）
　加盟店での処理（加盟店～利用者間）
　　　＊図2　加盟店～アクワイアラー～イシュアー間の取引の流れ
　国際ブランドによる処理
　　　＊図3　チャージバックの方式（アクワイアラー～イシュアー間）
　加盟店～アクワイアラー～イシュアー間の取引の流れ
　イシュアーの処理（イシュアー～利用者間）
　取引の種別と制度の関係

第4章　前払式支払手段を理解する（1）―サーバ型を中心に― ……………… 16
　前払式支払手段の種類
　前払式支払手段の基本事項
　前払式支払手段に共通する特徴
　　　＊図1　自家型発行者と第三者型発行者

－ii－

サーバ型の特徴
　　　＊表　サーバ型のコード（例）
サーバ型証票を購入する方法
　　　＊図2　サーバ型証票を購入する方法
　　　＊図3　キオスク端末の使用イメージ

第5章　前払式支払手段を理解する（2）―サーバ型の諸問題― …………………… 21
サーバ型が絡む消費者問題
新たな定義と用語
高額電子移転可能型の規制内容
　　　＊図　前払式支払手段の発行者への制度的対応
高額電子移転可能型規制の効果に疑問の声も

第6章　キャリア決済（1）……………………………………………………………… 24
キャリア決済とは
　　　＊表　キャリア決済の種類
　　　＊図　キャリア決済の取引の流れ
サービス拡大の経緯
規制のないキャリア決済・重層化の傾向も

第7章　キャリア決済（2）―キャリア決済のトラブル― …………………………… 28
典型的なトラブル例
トラブル時に誰に対応を求めるべきか
2つの課題
相談現場での注意事項
まとめ

第8章　コード決済（1）―コード決済とは― ………………………………………… 32
コード決済とは
　　　＊図1　代表的なコード決済サービス
コード決済の種類
コード決済の基本機能
　　　＊図2　コード決済の主な用途
　　　＊図3　コード決済の店舗での支払い方法
コード決済のアプリ登録
　　　＊図4　コード決済を利用するまでの流れ
「残高方式」か「紐付方式」を設定

第9章　コード決済（2）―コード決済に関する制度の整理― ……………………… 37
制度の整理
残高方式
　　　＊図1　残高方式
紐付方式
　　　＊図2　紐付方式－クレジットカード紐付型
　　　＊図3　紐付方式－銀行口座紐付型

第10章　タッチ決済（1）―タッチ決済のしくみ― ……………………… 41
タッチ決済とは
　　　＊図1　スマホによるタッチ決済のイメージ
スマホ版タッチ決済のしくみ
　　　＊図2　タッチ決済アプリに対応するサービスの例
タッチ決済の決済サービス
　　　＊図3　タッチ決済対応のマーク

第11章　タッチ決済（2）―タッチ決済に関する注意事項― ……………………… 45
タッチ決済（スマホ版）使用上の注意事項
　　　＊図1　タッチ決済アプリにおけるカードの選択
タッチ決済に関する制度の整理
　　　＊図2　タッチ決済アプリの位置づけ
　　　＊図3　タッチ決済アプリに電子マネーを登録した場合の整理
　　　＊図4　タッチ決済アプリに国際カードを登録した場合
コード決済との違い

第12章　後払い決済（BNPL）……………………… 50
後払い決済とは
後払い決済の類型整理
　　　＊図1　後払い決済のおおまかな類型
海外と国内で異なる「後払い」事情
日本のコンビニ後払いとその課題
　　　＊図2　割賦販売法と後払い決済の関係性
後払い決済サービスの今後

第13章　プラットフォーム（1）……………………… 54
提供手段が多様化するキャッシュレス決済
決済機能を持つプラットフォーム
　　　＊図1　プラットフォーム型決済サービスの類型
デジタルプラットフォーム
　　　＊図2　デジタルプラットフォームの体系

第14章　プラットフォーム（2）・・58

プラットフォームとアクワイアラー
  ＊図1　プラットフォームとアクワイアラー
デジタルプラットフォーム関連の規制
特定 DPF 透明化法
  ＊表1　規律対象となる特定デジタルプラットフォーム
取引 DPF 法
  ＊表2　主なプラットフォーム運営事業者
相談あっせんのポイント
  ＊図2　プラットフォームが絡む苦情相談対応時の交渉順位

第15章　相談を受ける際のポイント（1）・・・・・・・・・・・・・・・・・・・・・・・・・63

最初にすべきこと
決済手段の仕分け
交渉先の絞り込み
国際カードが絡む取引の場合
  ＊図　国際カード取引の場合の交渉例

第16章　相談を受ける際のポイント（2）・・・・・・・・・・・・・・・・・・・・・・・・・67

前払式支払手段（サーバ型）の場合
  ＊図1　前払式支払手段（サーバ型）の場合の交渉順
キャリア決済の場合
  ＊図2　キャリア決済の場合の交渉順
（コンビニ）後払い決済の場合
  ＊図3　（コンビニ）後払い決済の場合の交渉順
コード決済とタッチ決済
  ＊図4　コード決済の場合の交渉順
  ＊図5　タッチ決済の場合の交渉順
まとめ

第17章　海外のキャッシュレス決済の傾向と日本の今後・・・・・・・・・・・・・・72

日本のクレジットカードは異端
銀行口座の Saving と Checking の違い
日本とは少し異なる海外の BNPL
今後の国内のキャッシュレス決済
最後に

執筆者紹介

特に記載のない場合、図表は筆者作成

－ⅴ－

多様化・重層化する **キャッシュレス決済** ―そのしくみとサービスを学ぶ―

第1章　キャッシュレス決済の基礎知識

日本がキャッシュレス決済を推進する理由

　政府は国内でのキャッシュレス決済のさらなる普及をめざす考えで、2015年に18.2%だったキャッシュレス決済比率[1]を2025年までに40%に増やすという目標を掲げています（図）。キャッシュレス決済推進の理由はいくつかあります。主な理由は、他の主要国に比べ日本のキャッシュレス決済の普及が遅れていること、金融機関や流通業などさまざまな業界で合理化が求められ、キャッシュレス決済がその一助となること、キャッシュレス決済が消費対策として有望であること、などが挙げられます。

　キャッシュレス決済を推進する政府の方針はともかくとして、キャッシュレス決済の本質を理解するにはもう少し広い視点でみてみることも必要です。

　今、社会はスマホやインターネットを中心に大きく変わってきています。銀行の支店が閉鎖され、通帳がウェブ明細に移行し、スーパーでは店員を減らし無人レジが増えたことなどは、先にも触れた合理化の一

図　国内キャッシュレス決済の動向

※1　経済産業省「キャッシュレス・ビジョン」（2018年）10ページに、世界銀行「Household final consumption expenditure(2015)」およびBIS「Redbook Statistics(2015)」の非現金手段による年間決済金額から算出、中国に関してはBetter Than Cash Allianceのレポートより参考値として記載されているもの
※2　日本経済新聞社調査

1　個人最終消費支出に占めるキャッシュレス決済の割合

環です。

現在、社会全体がネット化され、これまで人を介して提供されたサービスの多くがコンピューターシステムによって処理されようとしています。一言でいえば「デジタル社会」への変革なのですが、デジタル社会では支払いも人手を介す現金からキャッシュレス決済に移行していくわけです。そういう意味で、キャッシュレス決済の普及は必然といえるのです。

キャッシュレス決済の状況

キャッシュレス決済とは現金を使わずに対価を払うことや、そのための決済サービスをいい、主にクレジットカード、電子マネー、スマホ決済などを指しています。キャッシュレス決済で最も利用額が多いのはクレジットカードで、2021年の利用総額は80兆円を超えています。それに次いでコード決済が約7.4兆円、電子マネーが6兆円、デビットが約2.7兆円という順です[2]。

消費税率引上げに伴い始まった「キャッシュレス・

ポイント還元事業」や、新型コロナウイルス感染症の影響で会計時の接触時間を短縮させたいなどの理由で、キャッシュレス決済の利用が増えています。

最近の利用金額の増加傾向をみると、ここ数年はクレジットカードの伸びが鈍化しており、金額は少ないもののデビットカードが着実に利用額を伸ばすなど、これまでとは違う傾向も表れています。

キャッシュレス決済の方式

キャッシュレス決済で支払う行為は、消費者が店舗やインターネットショップなどで支払う場面（利用）と、同じ消費者がキャッシュレス決済を運営するカード会社などに代金を支払う場面（支払い）の2つに分かれます。

利用と支払いのタイミングで分類することがキャッシュレス決済の整理方法の1つになっており、日本の関連制度はこの分類に沿って定められています（**表**）。

表 支払い方式の整理

支払い方式	支払い時期	しくみ	例
クレジット	後払い	・カード払いの際、利用代金をクレジットカード会社などが立て替える ・一括払い方式と分割・リボ払い方式がある ・発行に当たって法令に基づいた審査がある ・延滞を繰り返した場合などは個人信用情報機関に登録される	・国際カード ビザ、マスターカード、JCB、アメリカンエクスプレス、ダイナースクラブなどのカード
デビット	即時払い	・カード払いの際、利用代金を銀行口座の残高から支払う	・ジェイデビット（キャッシュカード） ・国際カード（ビザ、JCBなど。今後増える予定）
プリペイド	前払い	・事前に利用額分を支払い（チャージ）しておく ・店舗での支払い時にはチャージ額（残高）から利用代金を引き去る	・ギフト券 百貨店ギフト券、クレジットカード会社のギフト券など ・電子マネー Suica、PASMO、Edy、WAON、nanacoなど ・サーバ型 iTunesギフト、Google Payギフト、アマゾンギフトなど

2　クレジットカード利用額：（一社）日本クレジット協会ウェブサイト、コード決済利用額：（一社）キャッシュレス推進協議会「コード決済利用動向調査」、電子マネー、デビットカード支払額：日本銀行「決済動向」。ただし、コード決済の利用額は、利用形態によって電子マネー、クレジット、デビットの利用額と重複している

第1章　キャッシュレス決済の基礎知識

①後払い（クレジット）：利用（先）→支払い（後）

　支払いはカード会社などから請求があった後

②即時払い（デビット）：利用＝支払い（同時）

　銀行口座から即時支払い

③前払い（プリペイド）：支払い（先）→利用（後）

　支払いの前に残高にチャージしておく

　この整理は利用者（消費者）の視点に立ったものですが、利用者ではなく店舗やインターネットショップの視点に立つとこれとは異なります。実際の代金は店舗などにクレジットカード会社や決済代行会社などが分類にかかわらずまとめて支払っており、利用の数日後、あるいは毎月決まった期日に払われます。つまり、消費者が即時に代金を支払ったつもりのデビットでも、実際に店舗に代金が支払われるのは後日になるわけです。

　次に各方式について詳しくみていきましょう。

▌後払い（クレジット）

　ビザ、マスターカード、JCB、アメリカンエキスプレス、などのブランド[3]がついた「国際カード」がその象徴ですが、キャリア決済、コンビニ後払いも部分的にこの方式が当てはまります。

　国際カードには、クレジットカード会社が直接利用者に提供する「プロパーカード」や、百貨店、スーパー、航空会社、鉄道会社などの大手事業者がクレジットカード会社と提携する「提携カード」などがあります。

　"クレジットカード"というとおり、大半がカード形式で提供されますが、最近は番号などの情報（カード情報）のみ利用者に告知する方式や、スマホアプリでカード情報を管理する方式など、カードが無いもの（カードレス）も増えています。

　後払い方式は、クレジットカード会社などが店舗に代金を立て替えて支払い、その後で利用者に請求しています。利用者が後で払えないことのないよう、支払い能力を事前に審査し、審査に通った人のみに利用を認めています。

　国内では①利用から2カ月以内に支払う「2カ月以内払い」と、②分割払いなど利用から支払いまでの期間が2カ月を超える「2カ月超払い」の2種類に分けて整理します。

①2カ月以内払い（翌月一括払い）

　クレジットカード、キャリア決済、コンビニ後払いなどで用いられる方式で、広義のクレジットといえます。代金をまとめて翌月に1回で支払うことから翌月一括払い（マンスリークリア）とも呼ばれます。クレジット方式の国際カード（クレジットカード）のほとんどがこの方式に対応しています。なお、キャリア決済、コンビニ後払い決済もこの方式といえますが、慣習でそれらをクレジットとは呼びません。

②2カ月超払い（リボ・分割）

　クレジットカードのリボ払い、分割払いなどが中心ですが、最近はコード決済などにも2カ月超払いに対応するものが表れています。2カ月超払いには主に次のような種類があります。

・リボルビング（リボ払い）

・支払回数（月数）を指定する分割払い

・ボーナス時期など支払時期を遅らせる方式

など

　日本では2カ月超払いのみが割賦販売法で規定されており、正式にはこれが狭義のクレジットといえます。なお、制度上はリボ払いや分割払いばかりでなく、ボー

3　ビザ、マスターカード、JCB、アメリカンエキスプレス、ダイナース、ユニオンペイ、ディスカバーの7種類のブランドが実在。日本でディスカバーのカードは発行されていない

－3－

ナス払いのように一括払いでも利用から2カ月を超えて支払う場合はこの分類に当てはまります。

　国内のクレジットカードのほとんどが翌月一括払いとリボ払い、ボーナス払いに対応しています。ところが、海外はクレジットカードのほとんどがリボ払い専用で、翌月一括払いができるカードはあまり多くありません。

▌即時払い（デビット）

　銀行口座から即時に支払う方式のキャッシュレス決済で、主に次の方式があります。

①ブランドデビット

　ビザ、マスターカード、JCB のいずれかのブランド[4]を持つ国際カード

②ジェイデビット

　銀行のキャッシュカードを店舗での支払いに利用するサービス

③コード決済（一部のサービスのみ対応）

　利用額を銀行口座から即時に支払う方式のコード決済で、銀行が提供するもの

　デビットは銀行口座の残高で直接支払うことから、提供できるのは銀行と、銀行の許可を得た事業者（電子決済等代行業など）に限られます。①のブランドデビットはクレジットの場合と同様にカード方式とカードレス方式のどちらも存在します。②のジェイデビットはキャッシュカードを店舗などで提示する必要があるためカードレス方式は存在しません。多くの銀行のキャッシュカードがジェイデビットとして利用できますが、一部に対応していないものもあります。

▌前払い（プリペイド）

　日本では資金決済に関する法律（資金決済法）に基づく前払式支払手段として提供されます。主な例は次のとおりです。

①紙型の商品券

　商品券、カタログギフト券など

②磁気型

　クオカード、テレホンカード、ガソリンスタンドやゴルフ場で利用できるプリペイドカードなど

③IC カード型

　交通系：Suica、PASMO、TOICA、manaca、ICOCA、SUGOCA、nimoca、Kitaca など
　流通系：楽天 Edy、nanaco、WAON など

④モバイル型

　モバイル Suica、モバイル PASMO、楽天 Edy、モバイル WAON、nanaco モバイルなど

⑤QR コード型（残高の払い戻しができないもの）

　PayPay（PayPay マネーライト）、LINE Pay（LINE Cash）、ファミペイなど

⑥サーバ型

　iTunes ギフト、Google Play ギフト、Amazon ギフト、ブランドプリペイドなど

　前払い（プリペイド）は、電子マネーとも呼ばれますが、用語としてプリペイドと電子マネーの違いが明確に定義されているわけではありません。○○ギフトと呼ばれるものは他人に譲渡できるもので、ギフト券やギフトカードと同じです。

　なお、残高の譲渡は○○ギフトと呼ばれない他の方式（⑤ QR コード型、⑥サーバ型）にもできるものがあり、実際に QR コード型の多くが残高の譲渡（送

4　2024年10月現在、日本ではビザ、マスターカード、JCBのみ。海外ではアメリカンエキスプレスやユニオンペイなどのデビットが存在

第1章　キャッシュレス決済の基礎知識

金）に対応しています。

　最近はビザ、マスターカード、JCB などのブランドを付けた「ブランドプリペイド」も増えています。ブランドプリペイドには前払式支払手段のものと資金移動のものがありますが、前払式支払手段のものは⑥サーバ型に分類されます。

　④モバイル型のモバイル Suica などは、専用のスマホアプリや、「Apple Pay」「Google Pay」の各アプリと連携するようになっています。IC カード型同様、店舗などにある IC 読取器にスマホをタッチして利用することから、「タッチ決済」とも呼ばれます。

前払式支払手段で資金移動の枠組みを用いるもの

　プリペイド同様、残高にチャージして利用するものの、制度上は資金移動の枠組みを用いたキャッシュレス決済サービスがあります。

　この方式は主に次の2種類があります。

①資金移動型コード決済

　PayPay（PayPay マネー）、LINE Pay（LINE-Money）、メルペイなど

②資金移動型ブランドプリペイド

　JAL Global WALLET、MoneyT Global など

　これらの特長は、前払い（プリペイド）同様に残高での支払いや残高の譲渡（送金）に加え、残高を現金で払い戻すことができる点です。残高の払戻し（引き出し）は、指定した銀行口座に払い戻す方法や、ATM から現金で引き出す方法などがあり、サービスによって対応する方法は異なります。

その他補助的なもの

　その他のキャッシュレス決済として、iD と QUICPay についても触れたいと思います。もともとフィーチャーフォンをタッチ決済で利用するなどの目的で用意されたサービスですが、最近では Apple Pay、Google Pay にクレジットカードやコード決済などをひも付けて用いるためによく利用されています。なお、iD、QUICPay にはスマホアプリではなく IC カードタイプも一部存在します。

－5－

多様化・重層化する キャッシュレス決済 —そのしくみとサービスを学ぶ—

第2章　国際カードのしくみ（1）

国際カードの概要

　国際カードは、ビザ、マスターカード、JCB などの国際ブランドに象徴されるキャッシュレス決済サービスです。店舗等ではカードを提示し、インターネットショップではカード番号等を入力して支払う方式で、利用可能な店舗やインターネットショップが世界中に広がっています。国際カードの主な特徴は次のとおりです。

・クレジット、デビット、プリペイドの各方式に対応
・店舗等での対面取引と、通信販売やインターネット販売（非対面取引）に対応
・イシュアー、アクワイアラー（後述）の役割分担により世界規模で加盟店網を構築
・カードがないもの（カードレスタイプ）やスマホアプリにも対応する柔軟性

　代金を支払うタイミングでみると、後払いのクレジット、銀行口座から即引き落としが行われるデビット、事前にチャージした残高で払うプリペイドの3つの方式があります。日本では、2000年以降デビットやプリペイドが少しずつ増えていますが、世界全体で見ればおよそ半分がデビットで、欧米諸国などでは、クレジットよりもデビットのほうが枚数、利用額ともに多い所があります。

クレジットカードの見方

　最近はカードレスタイプも増えていますが、依然としてカードが発行されるタイプが主流です。カードの表示内容をみてみましょう（図1）。

　カードの表には、カード内部に組み込まれた IC チップの部品の①端子があり、②ブランドマーク ③カード番号 ④有効期限 ⑤カード利用者名などが表示されています。これらの基本情報に加え、その他サービスなどの追加情報（会員番号等）が表示されるものもあります。

　なお、最近は、表にカード番号などの情報をまったく表示しないカードも増えています。これは、盗み見などによるカード情報の漏洩を防ぐ目的があり、今後、カードの多くが番号を表示しない方式に変わると思われます。

　裏には①サインパネル（署名欄） ②セキュリティコード ③海外 ATM ロゴマーク ④発行会社の連絡先な

図1　クレジットカードの表示内容（例）

表

裏
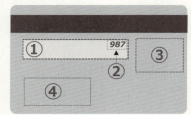

— 6 —

どが表示されています。
　消費生活相談では、苦情内容を聴き取る際に④の連絡先を控えておくとよいでしょう。

国際カードに関連する事業者とその役割

　国際カード取引に直接・間接的に関与する事業者は、主に①イシュアー　②アクワイアラー③加盟店　④国際ブランド運営会社　⑤決済代行会社（PSP）[1]です。
　これらの事業者の関係を示したのが図2です。

(1) イシュアー

　カードを消費者（会員）に発行する事業者で、方式により次のような事業者が該当します。
● クレジット方式：原則としてクレジットカード会社。2カ月超払い（リボ、分割等）に対応しているため、割賦販売法上「包括信用購入あっせん業者」として経済産業省の登録を受けることが義務づけられている。
● デビット方式：原則、銀行。銀行の許可を得た事業者（電子決済等代行業）による対応も可能。
● プリペイド方式：プリペイド会社等。資金決済に関する法律（資金決済法）に基づき、前払式支払手段発行者または資金移動業者に該当。

〈イシュアーの役割〉
　会員にカードを発行し、利用者の利用代金をアクワイアラーに速やかに支払う責任を負います。イシュアーは方式ごとに次のような方法で、アクワイアラーに代金を支払います。
● クレジット方式：利用者が支払うより前に、利用代金を立替えて支払う。
● デビット方式：利用者の預貯金残高から利用代金分を引いて支払う。
● プリペイド方式：利用者が事前にチャージした残高から利用代金分を引いて支払う。

(2) アクワイアラー

　国際カードを受け入れる加盟店と契約する事業者です。国際カードは前述したとおり3方式ありますが、アクワイアラーは方式の違いを区別せずに、すべてのカード取引を処理します。国内制度では割賦販売法により3方式のうちクレジットの取引が規制の対象と

図2　国際カードに関連する事業者

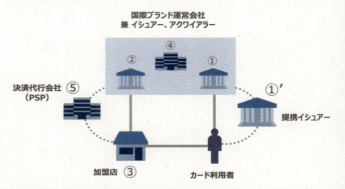

---
[1]　決済代行会社の英語表記（Payment Service Provider）を略してPSPと呼ぶこともある

なっており、アクワイアラーは経済産業省による「クレジットカード番号等取扱契約締結事業者」の登録を受けることが義務づけられています。

アクワイアラーの役割は、加盟店が適正な取引を行うように管理すること、加盟店に対し滞りなく代金を支払うことなどです。最近は、アクワイアラーは大手の事業者のみと契約し、中小事業者等とは、後で述べる決済代行会社を通して契約する傾向があります。

（3）加盟店

国際カードで商品やサービスを販売する店舗や事業者などで、法人ばかりでなく個人（事業主）も含まれます。店舗ではカードの決済端末を設置し、販売員が決済端末を操作します。このような販売方式を「対面販売」といいます。最近は人を介さずに処理するセルフレジや自動販売機なども増えています。インターネット販売などではウェブ上に構築したシステムをアクワイアラーや決済代行会社と接続することで国際カード決済に対応します。当然ですが、インターネット販売などはコンピューターシステムで自動処理されます。このような販売（決済）方式を「非対面販売」といって、対面販売と区別しています。対面販売に比べ非対面販売では不正取引の可能性が高くなりがちで、アクワイアラーや決済代行会社による加盟店申込み時の審査や管理は慎重かつ厳重に行われる傾向があります。

加盟店はアクワイアラーや決済代行会社等と加盟店契約を結び、その際に設定されたさまざまな条件のもとでカード決済を行います。

（4）国際ブランド運営会社

国際ブランドの運営業務を行う会社です。運営業務（国際ブランド業務）には、国をまたぐ決済ネットワークの整備運営や、カード決済に関する運用ルールの策定と管理・運営などが含まれます。

ビザとマスターカードはそれぞれに運営会社が存在します。運営会社は自らカードの発行（イシュアー業務）や加盟店との契約（アクワイアラー業務）を行わず、国際ブランド業務のみを行っており、イシュアー、アクワイアラー業務をクレジットカード会社や銀行などに任せています。それに対してJCB、アメリカンエキスプレスなどのブランドでは、運営会社が国際ブランド業務に加えてイシュアー、アクワイアラー業務も行っており、カードの発行や加盟店との契約も行っています。

（5）決済代行会社

アクワイアラーと加盟店の間に位置づけられ、国際カード決済の処理は代金の支払いなどについて主に次の業務を行います。

①加盟店をアクワイアラーに取り次ぐ業務
②アクワイアラーの代理業務
③加盟店の代理業務等

決済代行会社と契約して国際カードで商品やサービスを提供する販売者（加盟店）を、店子（店子加盟店）と呼ぶこともあります。なお、決済代行会社は国際カード以外にも電子マネー、キャリア決済、コンビニ払い、銀行振込など、さまざまな決済サービスに対応しており、販売者がアクワイアラーや電子マネー会社、通信キャリアなど複数の決済サービス事業者と契約する手間を省きます。さらに、インターネット取引での決済に必要なシステムも用意して加盟店の決済処理を支援しています。

事業体からみた決済代行会社の種類

決済代行会社の種類はさまざまですが、法人所

図3 決済代行会社の類型

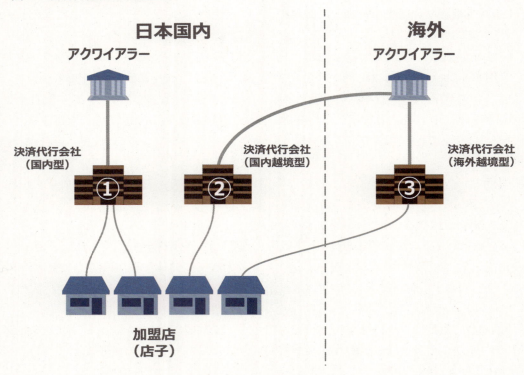

在地と対応する取引種別でみると主に次の3つの型に分類されます（図3）。

(1) 国内型（国内法人かつ国内取引）

　国内に法人を持つ決済代行会社で、国際カードに関しては国内のアクワイアラーと契約して加盟店の国際カード決済をサポートします。この型の決済代行会社は、加盟店の申し込み申請を受けた際の審査（加盟店審査）は行わず、すべてアクワイアラーに取り次いで審査を任せていることから「取次型」とも呼ばれます。

　これは国内アクワイアラー各社の統一方針によるためで、国内アクワイアラーは契約する決済代行会社に対して加盟店の審査権を与えていません。この型の場合、加盟店はすべて国内アクワイアラーによって審査されることから、情報商材などトラブルの多い商品を扱う事業者が加盟店になることが難しくなっています。

(2) 国内越境型（国内法人で越境取引）

　国内に法人を持つ決済代行会社で、国際カードに関して海外のアクワイアラーと契約して加盟店の国際カード決済をサポートします。この型の決済代行会社は加盟店審査も行いますが、決済代行会社の独自基準で行われるため、国内型に比べると加盟店の扱う商品の幅が広く、トラブルも多い傾向にあります。

　なお、この型の決済代行会社は割賦販売法に基づき「クレジットカード番号等取扱契約締結事業者」の登録が義務づけられています。

第2章　国際カードのしくみ (1)

（3）海外越境型（海外法人で越境取引）

　国内に拠点のない海外法人の決済代行会社で、海外のアクワイアラーと契約して加盟店の国際カード決済をサポートします。この型の決済代行会社も加盟店審査を行いますが、国内越境型同様、決済代行会社の独自基準で行っています。国内型に比べてトラブルが多い傾向にあり、国内に対応窓口がないなどの課題も指摘されています。なお、この型の決済代行会社は国内に法人登記がされていないため、割賦販売法に基づく「クレジットカード番号等取扱契約締結事業者」の登録資格がありません。

多様化・重層化するキャッシュレス決済 —そのしくみとサービスを学ぶ—

第3章　国際カードのしくみ（2）

国際カードの取引の流れ

　国際カードの取引は**図1**のように、①から③の3つのブロックに分けてとらえるとよいでしょう。この中で①は加盟店固有の売買そのもの、②（②'）が国際カードの領域で、オーソリゼーション処理、売上処理、チャージバック[1]などの事後処理を含みます（**図2**）。③はイシュアー固有のカード利用者との処理で、イシュアーの属性によってクレジット、デビット、プリペイドの3方式に分かれます。クレジット、デビット、プリペイドの処理の違いは、①の加盟店や②（②'）の国際ブランドによる処理ではなく、あくまで③のイシュアー固有の処理であることもよく理解しておくべきです[2]。

加盟店での処理（加盟店〜利用者間）

（1）対面販売の流れ

　対面販売では利用者は店員の面前でカードを提示するなどして決済端末で処理を行います。その際

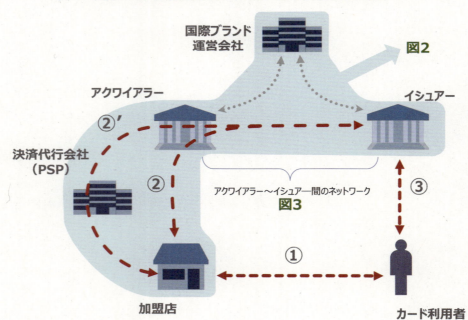

図1　国際カードの取引の流れ（Visa、Mastercardの場合）

1　チャージバックはディスピュートとも呼ばれるが、本稿ではチャージバックと記載する
2　本稿では国際ブランドマークのついた「ブランドデビット」「ブランドプリペイド」を便宜上「デビット」「プリペイド」と表記する

図2 加盟店〜アクワイアラー〜イシュアー間の取引の流れ

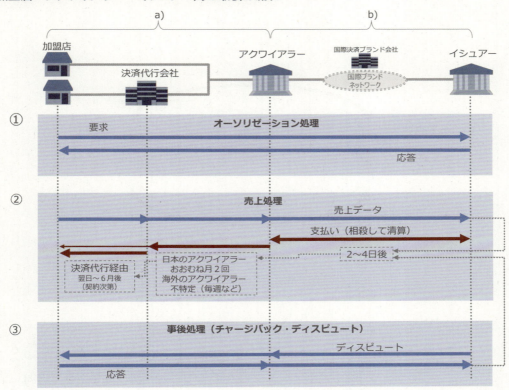

カード利用者には本人確認が求められ、暗証番号（ICチップ付きカードの場合）またはサインで本人確認を行います。利用者のサインとカード裏面のサインの照合は店員が行うことになっていますが、実態としてほぼ確認されていないという課題もあります。しかし最近のカードは原則としてICチップ付きのため、暗証番号で確実に認証できるようになりました。利用者の本人確認は少額（上限金額は加盟店により異なる。コンビニの多くは1万円まで）に限り例外として行わなくてもよい場合があります。

（2）非対面販売の流れ

インターネット決済を例に説明します。インターネット取引では利用者が入力したカード情報をインターネットショップが持つ決済機能（チェックアウト機能）などが自動処理します。対面販売での暗証番号やサインによる本人確認ができないため、イシュアーから見て実際に誰がカードを使っているのかが分からないという課題がありました。しかし最近は、カード決済時に自動的にイシュアーサイト（イシュアードメイン）に切り替わり、イシュアーのウェブサービスのID、パスワードなどで認証する取引が増えています。この認証方式は「本人認証サービス」「3Dセキュア」などと呼ばれ、国際ブランドが導入を推奨しています。

国際ブランドによる処理

加盟店〜イシュアー間の取引の流れは国際ブラン

第3章　国際カードのしくみ（2）

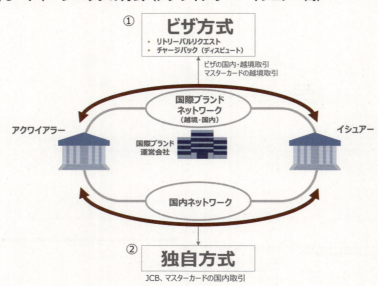

図3　チャージバックの方式（アクワイアラー～イシュアー間）

ドの規約に基づいて処理されます。この部分は加盟店～アクワイアラー間、アクワイアラー～イシュアー間に分かれます（図2）。

（1）加盟店～アクワイアラー間（a）

加盟店～アクワイアラー間の取引は原則として国際ブランド運営会社の規約に従って扱われます。実際には加盟店～アクワイアラーの間に決済代行会社が介在することも多く、特にインターネット決済では決済代行会社が介在する取引のほうがより一般的になっています。

（2）アクワイアラー～イシュアー間（b）

アクワイアラー～イシュアー間も国際ブランド運営会社の規約に従って扱われ、国際ブランドネットワーク（世界的な加盟店ネットワーク）を用いるのが原則です。日本国内ではビザの取引はすべて国際ブランドネットワークを利用していますが、JCB、マスターカード（国内取引）などの取引は、国内の独自ネットワーク（国内ネットワーク）が用いられています。

加盟店～アクワイアラー～イシュアー間の取引の流れ

加盟店～アクワイアラー～イシュアー間（加盟店とアクワイアラー間に決済代行会社が入る場合も含む）の取引の流れは、図2に示すように①オーソリゼーション処理　②売上処理　③事後処理の3つの処理で構成されます。

①オーソリゼーション処理は、利用者が国際カードの加盟店で決済する際、利用限度額内であることなどを確認して、イシュアーに承認を得るための処理です。②売上処理は、①で承認を得た取引を確定しイシュアーに代金を請求するための処理です。③事後処理は売上処理を受けたイシュアーが行うチャージバックなどを指しています。事後処理については、ビザ、マスターカード（越境取引）による国際ブランドネットワークを通した場合の「ビザ方式」と、JCB、マ

スターカードなど国内ネットワークを通した場合の「独自方式」に分かれます（**図3**）。

（1）ビザ方式のチャージバック処理

ビザ、マスターカード（越境取引）の場合で、リトリーバルリクエストとチャージバックなどがあります。

●リトリーバルリクエスト

売上処理がなされた取引について、イシュアーがアクワイアラーに対し、追加情報の開示を求める処理です。対面取引ではレシートなどが開示されることから「伝票請求」とも呼ばれます。イシュアーが「調査をする」という場合に、ここでいうリトリーバルリクエストを行うことがあります。なお、リトリーバルリクエストでは、アクワイアラーが持つ情報の範囲で一定の内容に限られます。

●チャージバック

売上処理がなされた取引について、イシュアーが、アクワイアラーに対し、売り上げの取り消しを求める処理です。チャージバックを受けたアクワイアラーは、その内容を加盟店（決済代行会社）に伝え、チャージバックを受け入れるか、拒否するかの判断を求め、アクワイアラーは加盟店（決済代行会社）の判断をイシュアーに回答します。決済代行会社が仲介する取引の場合には、受け入れるかどうかの判断を加盟店ではなく決済代行会社が行う場合もあります。チャージバックが受け入れられた場合、おおむね2営業日後にアクワイアラー～イシュアー間で代金が精算（相殺）されます。拒否された場合はそれで処理が終了し、イシュアーに代金は戻りません。なお、チャージバックによって代金が返金されても、加盟店とカード利用者の間の売買契約が解消するわけではありません。

（2）独自方式のチャージバック処理

国内のJCB、マスターカードの取引では、ビザ方式のチャージバック処理は行わず、それに準じた独自方式の処理をしています。例えば、イシュアーが個別にアクワイアラーに連絡して交渉することもあります。イシュアーによってはこのような個別交渉を「チャージバック」という場合があります。

イシュアーの処理（イシュアー～利用者間）

イシュアーの種別によって異なるオーソリゼーションの処理には、不正検知や利用承認などがあります。

●不正検知

クレジット等の方式を問わず、オーソリゼーションの際にイシュアーによる不正検知が行われます。不正検知は、取引をリスクに応じてスコアリングする方法、直前までの取引との兼ね合いなどをみて判断する方法など、手法がいくつかあります。さらに、紛失カードが使われた場合などは不正取引として検知します。不正が検知された取引はイシュアーが拒否の応答をします。

●利用承認

クレジットの場合、与信枠から前月分の未払代金と当月分利用額を差し引いた利用可能額を超えていないかをチェックし、承認または拒否の応答を返します。与信枠は一括払い、分割払いなど個別に設定されるのが一般的です。

デビットの場合は利用額が預貯金残高を超えていないか、プリペイドは利用額が事前にチャージしてある残高を超えていないかなどをチェックしたうえで、承認か拒否の応答を返します。

第3章　国際カードのしくみ（2）

取引の種別と制度の関係

　次の各方式によってイシュアーの登録などに適用される制度が異なります。

●クレジット：支払方法が2カ月超払いの場合「包括信用購入あっせん業者」として規制対象となります。

●デビット：イシュアーである銀行は銀行法の規制を受けますが、デビット取引を直接規制する法律はありません。

●プリペイド：残高の扱いによって前払型と資金移動型に分かれます。前払型は残高が前払式支払手段として発行されるもので、残高の現金での払戻しが原則禁止されます。この方式の場合、イシュアーは前払式支払手段（第三者型）として金融庁の登録が義務づけられます。これに対し資金移動型の場合、残高は現金同様に扱われ、ATMでの払戻しや銀行口座に振込むことなどが認められます。ただし、実際にどのような払戻方法が提供されるかはイシュアーによって異なるので、利用するプリペイドのイシュアーに確認する必要があります。この方式のイシュアーは、資金移動業者として金融庁の登録が義務づけられます。

多様化・重層化する **キャッシュレス決済** ―そのしくみとサービスを学ぶ―

第4章　前払式支払手段を理解する（1）
―サーバ型を中心に―

前払式支払手段の種類

前払式支払手段の種類はさまざまです。

①紙型の商品券

商品券、カタログギフト券

②磁気型

クオカード、テレホンカード、ガソリンスタンドやゴルフ場で利用できるプリペイドカード等

③IC カード型

交通系：Suica、PASMO、TOICA、manaca、ICOCA、SUGOCA、nimoca、Kitaca など

流通系：楽天 Edy、nanaco、WAON など

④モバイル型

モバイル Suica、モバイル PASMO、楽天 Edy、モバイル WAON、nanaco モバイルなど

⑤QR コード型（残高の払い戻しができないもの）

PayPay（PayPay マネーライト）、LINE Pay（LINECash）、ファミペイなど

⑥サーバ型

Apple ギフト、Google Play ギフト、Amazon ギフト、ブランドプリペイドなど

このうち、本章では前払式支払手段に共通する基本的な事柄と⑥サーバ型を中心に解説します。比較的トラブルの少ない①紙型の商品券②磁気型 ③IC カード型に関する解説を省略し、④モバイル型 ⑤QR コード型についてはスマホ決済をテーマとする章で解説します。

前払式支払手段の基本事項

（1）適用条件

資金決済に関する法律（資金決済法）は、電子マネーなどが次の 4 つの条件を満たす場合に前払式支払手段に当たるとしています。

①金額または物品・サービスの数量（個数、本数、度数等）が、証票等（証票や IC チップ、コンピューター・サーバなどの電子機器）に記載され、または電磁的な方法で記録されていること

②証票等に記載され、または電磁的な方法で記録されている金額または物品・サービスの数量に応ずる対価が支払われていること

③金額または物品・サービスの数量が記載され、または電磁的な方法で記録されている証票等や、これらの財産的価値と結び付いた番号、記号その他の符号（ID 番号等）が発行されること

④物品を購入するとき、サービスの提供を受けるときなどに、証票等や番号、記号その他の符号が提示、交付、通知その他の方法により使用できるものであること

これらの 4 条件を満たしていても、例えば以下のように前払式支払手段に該当しない場合もあります。

●発行の日から 6 月内に限って使用できるもの

●乗車券

●美術館等の入場券

●社員食堂の食券等

なお、国内で普及する JR 東日本の Suica、JR 西日本の ICOCA などの IC 交通乗車券は、電子マネー

第4章　前払式支払手段を理解する（1）

も兼ねていることから前払式支払手段に当たるとされています。実際に「該当しない事例」に当たるのは、乗車券専用で電子マネーの機能を持たない場合に限られます。

（2）発行者の義務等

発行者には発行者名等の表示、発行廃止の際の払戻義務、未使用残高の1/2の供託などが義務づけられます。

（3）発行者の種別

資金決済法は証票の利用範囲に応じて発行者を分類しており、利用範囲が発行者の運営する商品・サービスの提供者（販売店等）などに限定される場合を「自家型」、発行者に加え、発行者以外の事業者等が運営する販売店（加盟店）などでも利用できる場合を「第三者型」として区別しています（図1）。自家型の発行者は有効期限が6カ月以上、発行済み未使用残高が1000万円以上などの条件を満たした場合に届出を行えばよく、条件を満たさない事業者は規制の対象とはなりません。それに対し、第三者型の発行者は発行業務を開始する前に財務局等に申請し、登録を受ける必要があります。

金融庁のウェブサイトによると、2024年9月30日現在、自家型の届出数は1,190、第三者型の登録数は836となっています。

前払式支払手段に共通する特徴

前払式支払手段に共通する特徴は、①事前に残高を購入（チャージ）してから店舗などで利用すること、②発行者による利用者本人確認が不要であること、③購入額、残高に上限がないこと、④残高を他人に譲渡（移転）することが可能なこと、⑤購入（チャージ）した未使用残高の払戻しが原則として禁じられていること（例外あり）、⑥発行者の事業撤

図1　自家型発行者と第三者型発行者

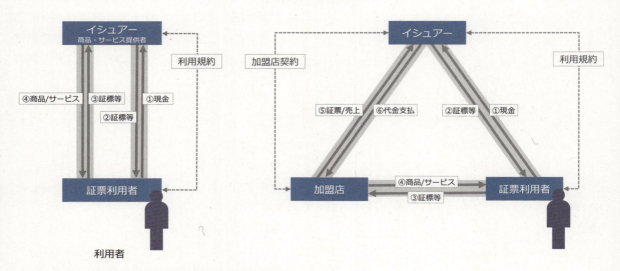

（ただし、規制対象は未使用残高1000万円以上の事業者）

退などに伴いサービスを廃止し加盟店での受入（利用）を終了する場合は⑤の制限にかかわらず払戻し受付期間を設けて未使用残高を利用者に払い戻さなければならないことなどです。

サーバ型の特徴

サーバ型は残高をサーバ上のみに持つことが特徴で、この点が残高をICチップに持つICカード型、カードの磁気情報に持つ磁気型とは異なります。例えば、Appleギフト、Google Playギフト、Amazonギフト等ではサーバ上の残高にひも付いた14～20桁の英数字で構成される「コード」で認証して支払います（表）。国際カードの一種であるブランドプリペイドの場合、カードの磁気情報にカード番号などが記録されますが、残高はカードの磁気情報ではなくサーバ上に持つことから、サーバ型に分類されます。

サーバ型の多くはインターネットショップやスマホでの利用に特化しています。しかし、カード媒体のあるブランドプリペイドやコード決済（QRコード型）の残高として発行される場合は店舗での支払いにも利用できます。

サーバ型証票を購入する方法

Appleギフト、Google Playギフト、Amazonギフトなど、ブランドプリペイド以外のサーバ型の証票を購入する方法は主に次の3通りがあります（図2）。

① POSAカード購入

「POSAカード」とはコンビニやスーパーなどの電子マネー販売用の棚などにかかって販売されるカードのことです。POSAは "Point of Sales Activation" を略したもので、「販売時に有効化する」という意味です。POSAカード自体は前払式支払手段の証票ではなく、本来の証票に当たるコードを利用者に伝える媒体に過ぎません。表にはサービスのブランドマークなどが印刷され、裏には剥離するとコードが現れる加工がなされています。求める証票のPOSAカードをレジで購入することで、購入額分の残高が使えるようになります。

②キオスク端末操作（図3）

コンビニエンスストアに設置されているキオスク端末（コンビニによってはマルチコピー機を使用）を操作してコードを入手する方法です。キオスク端末を操作

表 サーバ型のコード（例）

銘柄	イシュアー（前払式支払手段発行者）	コードの例	主な利用可能場所
Amazonギフト	アマゾン・ギフトカード・ジャパン株式会社	14桁英数 xxxx-xxxxx-xxxx	・Amazon（インターネットショップ）
iTunes ギフト	iTunes 株式会社	16桁英数字 xxxx-xxxx-xxxx-xxxx	・App Store（アプリ） ・Appleストア
Google Play ギフト	グーグルペイメント株式会社	20桁英数字 xxxx-xxxx-xxxx-xxxx-xxxx	・Google Play Market
ビットキャッシュ	ビットキャッシュ株式会社	16桁ひらがな ○○○○○○○○○○○○○○○○	・ビットキャッシュ加盟店（ネット）
ウェブマネー	株式会社ウェブマネー	16桁英数字 xxxx-xxxx-xxxx-xxxx	・ウェブマネー加盟店（ネット）

第4章　前払式支払手段を理解する（1）

図2　サーバ型証票を購入する方法

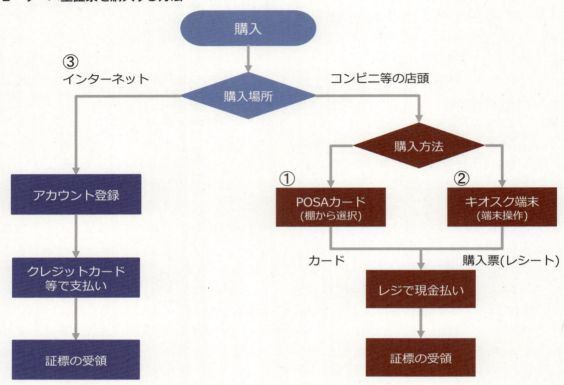

図3　キオスク端末の使用イメージ

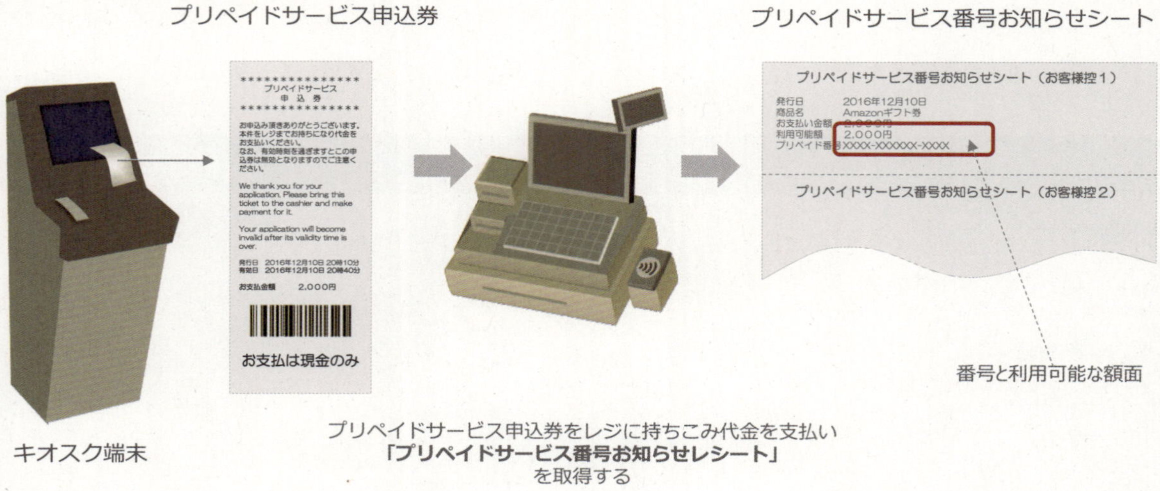

すると申込券が出力されます。申込券をレジで提示し代金を支払うとコードが印刷された専用の用紙（お知らせシート）を受け取れます。

③インターネット購入

　インターネットやスマホアプリなどから購入する方式で、Apple ギフト、Google Play ギフト、Amazon ギフト、ビットキャッシュ、ウェブマネーなどがこれに対応しています。証票を販売しているサイトに事前登録済みのアカウントでログインし、クレジットカード（国際カード）などで支払って購入します。コードは購入直後メールで通知される場合が多いですが、販売するサイトのアカウント画面などで確認する場合もあります。

多様化・重層化する **キャッシュレス決済** ーそのしくみとサービスを学ぶー

第5章　前払式支払手段を理解する（2）　ーサーバ型の諸問題ー

サーバ型が絡む消費者問題

サーバ型はコンビニやスーパーなどの店頭で誰もが簡単に購入することができ、購入時に利用者の本人確認が行われません。基本的にコード（サーバ上の残高にひも付いた14～20桁の英数字で構成される認証番号）を入手できれば誰でも利用できることから、コードを他人に購入させてだまし取り、それを再販して現金化するなどの犯罪の余地を生み出しました。

被害にあう消費者が増え社会問題化していますが、それを増長させたのがサーバ型のコードを扱う再販業者です。再販業者はサーバ型のコードを売買する場の提供や、買取、販売なども行っており、それがだまし取った証票の二次的な市場を生み出しているという悩ましい事態を招いています。

サーバ型の発行者は、再販業者から入手したコードを利用禁止にするなどの対策を講じていますが、コードの再販を確認することが難しい、再販されたコードが利用できないことが消費者に周知徹底されていないなど、十分な対策とはいえず課題が残ります。

新たな定義と用語

このような状況を重くみて、金融審議会「資金決済ワーキング・グループ」が規制強化へ向けた検討を行い、「安定的かつ効率的な資金決済制度の構築を図るための資金決済に関する法律等の一部を改正する法律」が成立し、資金決済に関する法律（資金決済法）および犯罪収益移転防止法（犯収法）が改正されました（2022年6月、2023年6月1日施行）。

高額のチャージや利用が可能で残高を他人に送れるものなど、リスクの高い前払式支払手段の証票を新たに「高額電子移転可能型」として分類し、その要件を明確にするために、前述のワーキング・グループの報告書において、新しい用語も定義されました。

●電子移転可能型
残高の譲渡、電子的な価値の移転ができるもの

●残高譲渡型
発行者が管理するしくみの中で、アカウント間での前払式支払手段の残高譲渡が可能なもの

●番号通知型
発行者が管理するしくみの外で、前払式支払手段である番号等の通知により、電子的価値を移転することが可能なもの

電子移転可能型は、残高の譲渡や価値の移転が可能なサーバ型全般を表します。

残高譲渡型は、スマホアプリやアカウントにログインすることで残高を別アカウント（他人）などに送ることができるもので、PayPay などのコード決済や残高の送金ができるブランドプリペイド（スマホアプリ）などが該当します。

番号通知型は、メールなどで番号（コード）を送ることができるもので、Apple ギフト、GooglePlay ギフト、Amazon ギフト、ブランドプリペイドなどがこの分類に当てはまります。

第5章 前払式支払手段を理解する(2)

高額電子移転可能型の規制内容

電子移転可能型のうち、第三者型であること、アカウントによる残高管理が可能であること、残高の移転（ギフトとしての譲渡等）が可能で、1回当たりの譲渡額が高額に及ぶものなどを新たに高額電子移転可能型と定め、次のとおり規制することになりました（図）。

- ●証票の発行者を犯収法上の特定事業者とする（改正犯収法2条2項30号の2）
- ●アカウント譲渡・譲受の禁止（改正犯収法28条の2）

なお、「高額」がいくら以上なのかは、内閣府令により次のとおり定められました。

- ○1回当たりの譲渡額・チャージ額が10万円超
- ○1カ月当たりの譲渡額・チャージ額の累計額が30万円超

高額電子移転可能型の発行者は特定事業者に該当することから、発行や販売時（チャージ時）などに公的書類を用いた利用者本人確認が義務づけられることになります。

図 前払式支払手段の発行者への制度的対応

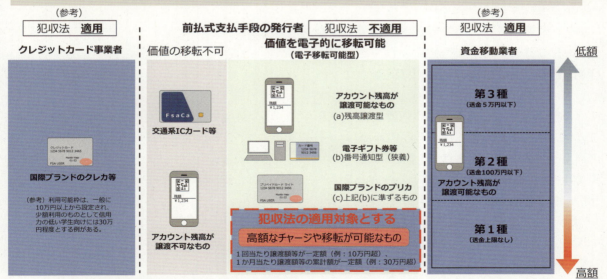

（注1）現金を持ち込んで銀行送金する場合は、10万円超の送金に対して取引時確認（本人確認）を求める犯収法の考え方を参考に、1回当たりの譲渡額・チャージ額を10万円超とすることが考えられる。
（注2）上記クレジットカード事業者の参考欄を参照。
出典：金融庁「説明資料－安定的かつ効率的な資金決済制度の構築を図るための資金決済に関する法律等の一部を改正する法律案」（2022年3月）16ページ

第5章　前払式支払手段を理解する（2）

高額電子移転可能型規制の
効果に疑問の声も

　現状Appleギフトや Amazonギフトは購入（チャージ）額の上限が50万円程度の高額に設定されていることから、高額チャージに一定の歯止めがかかると考えられます。実際に、スマホでの証票の購入（チャージ）などが高額に当たる場合には、公的書類を用いた本人確認が求められるようになるからです。しかし、この効果が限定的だとする疑問の声も上がっています。その理由は、だましてサーバ型を購入させる特殊詐欺の多くの場合にコンビニが利用されており、コンビニでの証票販売は既に5万円程度の上限額が設けられていること、実際の事例では少額であっても繰り返し購入していたり、複数のコンビニ店舗で複数の証票を購入していたりする事例もあるからです。

　結局、コンビニ等での販売時に本人確認を行わない限り、特殊詐欺による被害が減らないのではないかという指摘です。

　このように制度改正の効果を疑問視する意見はありますが、規制はこれから実施されるわけですので、経過を見極めたうえで判断する必要があるでしょう。

　その後、2024年になってもこの制度改正の効果を測ることは難しい状況といわざるを得ないです。その理由として、主に次の2点が指摘されます。まず、先に述べたとおり、実際にだまされる場合はサーバ型の商標を2～3万円程度の少額に分散して買うよう指示されており、本人確認が求められる10万円を超える商標を購入するという誘導がなされないこと。次に、サーバ型の商標に加えて、最近はコード決済の送金機能を悪用するなど、資金をだまし取る方法が多様化し分散してしまった点が挙げられると思います。

— 23 —

多様化・重層化する **キャッシュレス決済** ―そのしくみとサービスを学ぶ―

第6章　キャリア決済 (1)

キャリア決済とは

　キャリア決済は、スマホやフィーチャーフォンから利用したコンテンツ利用料を通信・通話料金と併せて支払う方式です。モバイル通信事業者からの利用明細には通信料に加えてキャリア決済利用分が「コンテンツ利用料」などと区別して記載されます。

　もともとはフィーチャーフォン専用で、NTT ドコモ、

表　キャリア決済の種類

通信事業者	サービス名称	利用可能デバイス	利用上限金額	備考
NTT ドコモ	sp モードコンテンツ決済サービス	スマホ	・利用者が利用限度額を設定可能 ・設定可能利用限度額 　19 歳まで 10,000 円／月 　20 歳以上で契約期間が 1 ～ 3 カ月目：10,000 円／月 　20 歳以上で契約期間が 4 ～ 12 カ月目：30,000 円／月 　20 歳以上で契約期間が 13 カ月目以降：月 3・5・8・10 万円（ドコモによって変更される）	
	ドコモ払い	スマホ／パソコン	・自動設定で月最大 100,000 円 ・利用者が利用限度額を設定することも可能（上限月 10 万円）	2022 年 5 月末まで 6 月以降は d 払いとしてサービス提供
	d 払い	スマホ	・契約、利用、支払い状況などに応じて 1 万・3 万・5 万円の範囲内でドコモが設定・変更 ・所定の条件を満たすと最大 10 万円 ※電話料金合算払いの場合。クレジットカード払いを選択した場合は異なる	2022 年 6 月より開始
KDDI（au）	au かんたん決済	スマホ／パソコン	～ 12 歳：最大 1,500 円／月 13 ～ 17 歳：最大 10,000 円／月 18 ～ 19 歳：最大 50,000 円／月 20 歳～　　：最大 100,000 円／月 ※上記金額を上限に、利用者が限度額を設定可能	
ソフトバンクモバイル	ソフトバンクまとめて払い	スマホ／パソコン	満 12 歳未満：最大 2,000 円／月 満 20 歳未満：最大 20,000 円／月 満 20 歳以上：最大 100,000 円／月 ※上記金額を上限に、ソフトバンクが利用可能額を設定	
楽天モバイル	楽天モバイルキャリア決済	スマホ	13 歳以下　　：最大 10,000 円／月 14 歳～ 17 歳：最大 20000 円／月 18 歳～ 19 歳：最大 50,000 円／月 20 歳以上　　：最大 200,000 円／月 ※上記金額を上限に、利用者が限度額を設定可能 ※クレジットカード払い、デビットカード払い以外を選択している場合利用不可	

※各事業者のウェブサイトを基に筆者作成（年齢区分の表記などはウェブサイトのまま）

第6章 キャリア決済(1)

図 キャリア決済の取引の流れ

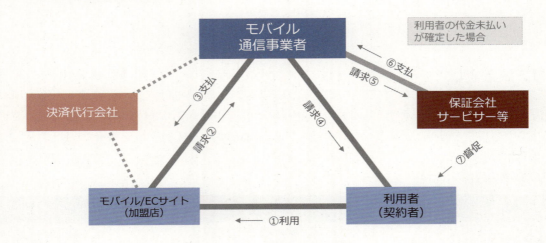

- 通信事業者は利用者からの支払前に加盟店に販売代金を支払い、万一利用者が不払いの場合は保証会社等に請求する体制に変更した
- キャリア決済を取り扱う決済代行会社も増加

au(KDDI)などのモバイル通信事業者による公式コンテンツの利用代金を支払う手段としてのサービスでした。しかし、クレジットカードの申込み、審査などの手間が不要で、携帯電話の契約がある人なら誰でも利用できる手軽さから消費者に受け入れられ、利用範囲が広がりました。今ではスマホばかりでなくパソコンからも利用でき、スマホのアプリなどに限らず一般的なインターネットショップでも利用できる所が増えました。インターネットでの支払手段では、クレジットカード、コンビニ払い、銀行振込、インターネットバンキングの次に多く利用されており、消費者の利用機会は中程度といえるキャッシュレス決済手段です。

総務省の「令和2年通信利用動向調査(世帯編)」によれば、過去1年間にインターネットで商品等を購入した15歳以上の人のうち、15.9%が決済方法としてキャリア決済に当たる「通信料金・プロバイダ利用料金への上乗せによる支払い」を利用しています。全体をみると決済方法は多い順に①クレジットカード ②コンビニ払い ③代金引換 ④銀行・郵便局の窓口・ATMでの振込・振替 ⑤インターネットバンキング・モバイルバンキングによる振込の次に当たります。

国内では大手4モバイル通信事業者(NTTドコモ、au、ソフトバンク、楽天モバイル)がすべてキャリア決済を提供しています。サービスの概要を表にまとめました。

サービス拡大の経緯

開始当初はモバイル通信事業者が運営する公式サイト限定の支払手段でした。まだスマホもなかった2000年当時、公式サイトは、NTTドコモのiモード、

auのEZwebなどのモバイル通信事業者が運営するサービスで、データ通信に対応する携帯電話からの利用にほぼ限定されました。さらに公式サイトへの出店はモバイル通信事業者による審査に合格した事業者に限定されていたため、キャリア決済が利用できるサービスの提供事業者も一定の水準に維持されていました。

その後、キャリア決済が比較的普及することになった2つの転機がありました。1つ目の転機は各モバイル通信事業者が、それまで公式コンテンツでの支払いに限定していたものを一般のコンテンツやインターネットショップでも利用できるよう解放したこと、次の転機はキャリア決済がスマホで利用できるようになったことです。国内では人気のiPhoneですが、日本で発売開始された2007年当初はキャリア決済に対応していませんでした。iPhoneがキャリア決済に対応したのは意外に遅く、auとソフトバンクが2016年、NTTドコモが翌2017年です。

キャリア決済を公式コンテンツ以外に解放する過程では、モバイル通信事業者が決済代行会社と契約し、より多くのインターネットショップなどでも利用できるようにしました。さらに、モバイル通信事業者から、加盟店に当たるコンテンツ提供事業者やインターネットショップなどへの支払いのサイクルを早めるために立替払いを行うようになったことと、不払い者などへの督促、回収業務の一部を保証会社やサービサー（債権回収会社）、弁護士事務所などに委託するようになったことも大きな変化といえます。そのため、通信費の支払いができなくなった利用者には、程なくして弁護士事務所などから督の郵便物が届くようなことも起こりました。

先にも述べたとおり、キャリア決済はインターネット販売では中程度の利用頻度といえますが、コンテンツ利用に限定すればクレジットカードの次によく利用さ れているようです。結果的に、①決済代行会社によって利用できるインターネットショップやコンテンツが大幅に増えたこと ②iPhoneでも利用できるようになり若年層にもキャリア決済の利用の裾野が大きく広がったことなどが、消費者トラブルを増やすことになったといえるように思います。

規制のないキャリア決済・重層化の傾向も

キャリア決済は、広い意味で後払い方式といえますが、利用から通信料と一緒に支払うまでの期間が「2カ月以内」に設定されていることから、割賦販売法の規制対象とはなりません。先にも述べたとおり、キャリア決済はクレジットカード並みに決済代行会社も介入する立派な支払手段に成長したといえます。キャリア決済が絡む消費者問題もあり、何らかの規制を求める声が強くなっているのも事実です。

モバイル通信事業者との契約者には毎月の通信料の支払いをクレジットカードで行っている人が多いことも特徴の1つです。通信料がクレジットカード払いに設定されている場合にコンテンツを利用してキャリア決済で利用料を支払うと、当月末、モバイル通信事業者からの請求時にクレジットカードで支払うことになります。そのため実際の支払いは翌月あるいは翌々月に繰り延べになります。さらにクレジットカードの支払方法がリボ払いの場合、キャリア決済の利用代金が翌月、あるいは翌々月からリボ払いで支払われることになります。最近増えているキャッシュレス決済の重層化の一例で、同様なケースは前払式支払手段への残高チャージをクレジットカードで支払った場合、BNPL（後払い決済）の支払いをクレジットカードで支払う場合などがあります。

相談の現場でこのように重層化した支払いの事例

第6章　キャリア決済（1）

があった場合　①実際に取引で用いられた支払手段
②その際の決済額を支払う二次的な支払手段（二
次支払手段）を分解して整理してください。割賦販
売法や資金決済法は、①の実際に取引で用いられ
た支払手段に対する規制は明確ですが、重層化し
た二次的な支払手段にも制度を拡大解釈することが
難しく、そのために二次的な支払手段に支払停止や
払戻しを求めても、なかなか対応してもらえないことが
あります。

●キャリア決済の重層化パターン

〈重層化していない場合〉
　①取引時：キャリア決済
　②通信料の支払いが銀行口座払い
　→当月末に通信料とコンテンツ利用料を支払い

〈重層化している場合〉
　①取引時：キャリア決済
　②二次支払手段：クレジットカード
　→翌月、あるいは翌々月にクレジットカード会社の請
　　求に基づき利用料を支払い

　次の例で、重層化の場合をもう少し整理してみましょ
う。

（例）iPhone でゲームなどの有料コンテンツを
利用した場合
①取引時：キャリア決済
　支払手段提供者：モバイル通信事業者
　取引が行われた加盟店：Apple（デジタルプラット
フォーム）
　利用サービス：ゲーム内の課金（ゲーム運営会社）
※この例ではゲーム運営会社がプラットフォームの店
子に当たるかどうかは特定しないでおきます
②実際の支払い（二次支払手段）：キャリア決済の

代金をクレジットカード決済
　支払手段提供者：クレジットカード会社（包括信用
購入あっせん業者）
　取引が行われた加盟店：モバイル通信事業者

多様化・重層化する **キャッシュレス決済** ―そのしくみとサービスを学ぶ―

第7章 キャリア決済（2）
―キャリア決済のトラブル―

■ 典型的なトラブル例

キャリア決済が絡むトラブルは、①フィッシング ②未成年者による高額課金などが目立ちます。

フィッシング

SMSで届いたメールに記されたリンクをクリックすると偽サイトに誘導され、キャリア決済に必要な認証パスワードなどを入力すると、情報が盗み取られる手口ですが、最近は本物のサイトと見まがうような水準の偽サイトも増えています。盗んだ認証パスワードが悪用され、高額請求が来て初めて自分が被害にあったことを認識します。宅配便の再配達を装うなど、消費者が信じやすい巧みな誘導も行われます。

フィッシング被害の場合、モバイル通信事業者（以下、通信事業者）は本人による取引なのか、フィッシングによる被害なのかが判別しにくく、被害を訴えても対応が得られない事例も多く問題になっています。大手宅配業者の再配達を装う被害が多かった時期でも、通信事業者が返金に応じないという事例がありました。

フィッシングの撲滅は容易ではありませんが、まず①消費者自ら注意すること ②事業者による対応の両面で対策を進めていくことが必須です。消費者には、メールなどで認証パスワードを入力させることは基本的にないこと、認証パスワードの入力は実際の取引時のみに限定する、など正しい知識を身に付け、自らフィッシングから身を守る力をつけていく啓発が強く求められます。

啓発セミナーなどで、筆者は、認証パスワードやID、パスワードを求めるリンクが張られたメールが届いた場合の対処を次のように指導しています。

①まったく心当たりがない場合は基本的に無視する
②SMSの場合は判別が困難だが、メールの場合は送信者のアドレスを見て事業者の正規ドメインかどうかを確認する
③気になる場合には本来メールを送るべき事業者（宅配業者、クレジットカード会社、通信事業者など）に電話などで真偽を確認する

通信事業者には、フィッシング被害をシステムで抑制することは難しいとする意見が多いようです。確かに周到化する手口に追随し対処を続けることは容易でないかもしれません。しかし、フィッシングサイトのチェック（監視）や、AIを用いた取引時のチェックを強化するなど、静観せずに何らかの対処を試みて、その事実や結果を示すべきです。情報化社会を担う通信事業者がフィッシングに対処できないとする理屈は、あまりに不合理ではないでしょうか。

未成年者の取引

未成年者がスマホでゲーム課金を繰り返し、キャリア決済で高額課金するなどです。親権者の同意のない契約は条件を満たせば取消しできます。しかし、多くの事例で子が親の認証パスワードを入力しているなど、親に管理責任が問われる事例が多いのも実情です。未成年者による高額課金はキャリア決済ばかりでなくクレジットカード払いも併用される傾向があり

ます。成年年齢の引下げに伴い、未成年者契約の取消しの適用範囲が狭まることも課題です。

対策には消費者啓発が必要で、特に若年層の子を持つ親世代に対する啓発がポイントになります。Apple、Googleにはそれぞれファミリー共有、ファミリーリンクという機能があり、親子のアカウントを接続したうえで、親が子の課金を管理（利用時に親の承認が必要）することも可能です。家族のスマホ利用を親が責任を持って管理することが大切で、それに必要な情報リテラシーが一般家庭に求められる時代です。学校や行政による啓発活動も重要になってきます。

トラブル時に誰に対応を求めるべきか

未成年者契約の取消しなどを求める際の論点ですが、率直な疑問は当該取引に関する販売責任がゲーム運営会社にあるのか、デジタルプラットフォーム事業者（以下、DPF）にあるのか、という点です。社会通念からすれば、取引が行われたのはゲーム運営会社なので、販売責任はゲーム運営会社にあると考えるべきでしょう。DPFはゲーム運営会社を束ねるプラットフォームを提供するだけなので、DPFにはゲーム運営会社が適切に取引を行っていることを監視するなどの管理責任を問うという解釈になります。その原則から、まずトラブルの際にはゲーム運営会社に連絡するのが筋といえます。しかし、実際の事例をみると、理由はともかくゲーム運営会社が対応しない事例が目立ちます。また、実務的に多くの消費生活相談員はゲーム運営会社ではなくDPFに相談し、対応を求めている現実があります。

ここで少し視点を変えてDPFを中心に据えてみれば、違った解釈もあり得ます。DPFは総合的な売り場（マーケットプレイス）を提供しているので、そこで

販売を行うゲーム運営会社の取引も含め、すべての販売責任がDPFにあるとも指摘できます。先にも触れたとおり、実際のトラブルではゲーム運営会社に代わってDPFが対応するケースがほとんどで、DPFに対応を求めるのが現実的な対処となっています。

ゲーム運営会社の対応が消極的な理由の1つに、スマホのプラットフォーム上での支払いでコンテンツなどを販売した場合、決済情報の詳細を調査することが難しいという課題もあるようです。そのため、結果的にプラットフォームを運営するAppleやGoogleを頼ることになるようです。もちろん、そのような理由があったとしても、販売業者に当たるゲーム運営会社が調査などを行わないことは本来許されないことだと思います。

次に、同じ未成年者契約の取消しの事例で重層化した場合、二次支払手段のクレジットカード会社に対応を求められるかという点です。クレジットカード会社にとってこの取引は通信事業者の請求を支払っただけなので、元取引に関して何らかの過失があるかといえばそうとは言い切れないと思います。そのため、協力を求めてクレジットカード会社に連絡することが無意味というわけではありませんが、クレジットカード会社にプラットフォーム上の支払いに関する責任を追及することはあまり合理的ではありません。

2つの課題

消費者行政の視点からは、キャリア決済には大きく2つの課題があります。1つは消費者の苦情処理に当たり明確な法的根拠がないことです。割賦販売法や資金決済法は事業者に明確に消費者保護を求めていますが、キャリア決済にはその根拠となる制度がありません。制度の枠組みを広げ、通信事業者やゲーム運営会社などに対し、一定の消費者保護

対策や苦情処理を義務づけるべきと主張する声も上がっています。そのためにはキャリア決済という狭い視野ではなく、プラットフォームやコンテンツ販売などより広い視野で検討を進めていくべきだと思います。

2つ目は各論で、通信料とキャリア決済代金（コンテンツ利用料）の分納ができない点です。そもそもキャリア決済は、通信料とコンテンツ利用料を同時に支払う契約となっているのでやむを得ないともいえます。しかし、不当請求やフィッシング詐欺の被害にあい、高額のコンテンツ利用料が請求された場合に、コンテンツ利用料に関しては通信料と切り離して、一定期間請求を保留すること（支払い停止の抗弁）が認められてもよいのではないでしょうか。被害にあった消費者が高額になった代金を支払うことができずに延滞となり、通信機能の停止や通信事業者との契約が解除されてしまうこともあります。そのような場合でも、通信料だけなら支払えることもあるはずです。

今ではモバイル通信はライフラインの1つといえ、消費者にとっては生活していくうえで必要不可欠なサービスです。不当に高額請求されたコンテンツ利用料が払えないという理由で、本来は別サービスの通信機能まで止めてしまうなどの対応はいかがなものかと思います。

▌相談現場での注意事項

相談業務の現場では、被害にあったという消費者にどうアドバイスを行うかが重要です。支払う必要がないとする相談者の主張はもっともなのですが、だからといって通信事業者の請求の支払いを拒むと、通信料も併せて未納（延滞）となってしまいます。通信料の延滞を繰り返し、通信事業者によって契約を解除された場合や、請求を不服として自ら契約を解約した利用者については、一般社団法人電気通信

事業者協会が運営する「不払い者情報の交換」（不払い者情報交換制度）のしくみを用いて、利用者の情報を通信事業者間で交換することになっています。交換情報に登録された利用者の情報は、契約解除後最大5年間残りますので、その期間に新たに通信事業者に利用を申し込んでも契約できない可能性があります。

もう1つの留意点は、被害にあった消費者がスマホの購入代金を分割払いで支払っている場合です。スマホの購入代金（端末代）の分割払いは、通信事業者による「個別信用購入あっせん」に当たり割賦販売法の規制を受けます。法令に基づき、通信事業者は端末販売時の審査の際に照会した内容、契約内容、毎月の支払い状況などを個人信用情報機関に登録します。通信事業者による毎月の請求額には分割払い代金の返済分が含まれますので、通信料とコンテンツ利用料の滞納を続けると、個人信用情報機関にもその事実が登録されることになります。

もし代金を支払わないでいると、やがて、不払い者情報の交換に加えて個人信用情報機関と、2つの情報機関に不利な情報が登録されてしまうという二重のペナルティーを負うことにもなりかねません。

このような事情から、不幸にしてトラブルにあってしまった消費者に対しては、支払わない場合のリスクを説明したうえで、可能な限りまず請求額を支払うことを勧めるべきなのです。もちろんこれと並行して、通信事業者には例外であっても抗弁を認めさせる交渉を行うことが重要なことは言うまでもありません。

▌まとめ

最も重要なことは、消費者がこのような被害にあわないように、行政や消費者団体ばかりでなく、通信

第7章　キャリア決済（2）

事業者などが積極的な啓発を繰り返し行うことでしょう。フィッシング詐欺などの犯罪も高度化しており、消費者が自ら自分の身を守るために、情報リテラシーなどの基本的なスキルを身に付けていく必要があるのです。

多様化・重層化する キャッシュレス決済 ―そのしくみとサービスを学ぶ―

第8章　コード決済(1)
―コード決済とは―

コード決済とは

　スマホアプリで支払う「スマホ決済」の1つの体系で、利用時にスマホアプリを立ち上げ、QRコードやバーコードで認証して支払う決済手段をいいます。店舗などでの支払いだけでなく、送金に対応するサービスもあります。日本では2014年12月にサービスを開始したLINE Payなどが先駆けで、その後2018年にPayPay、d払いなどが始まり、それに続いてさまざまな銘柄（サービス）が現れ多様化しています（図1）。2019年には政府によるキャッシュレス決済推進政策の1つであるポイント還元事業や、PayPay運営事業者などによる大規模なキャッシュバックキャンペーンによって利用者を増やしました。

　一般社団法人キャッシュレス推進協議会の「コード決済利用動向調査」によれば、2021年の主要なコード決済サービスの利用額は7兆3487億円（平均単価は1,501円）で、これは電子マネーの年間利用額5兆9696億円（日本銀行「決済動向」）を超えています。コード決済が本格化した2018年からわずか数年で、クレジットカードの利用総額81兆173億円（一般社団法人日本クレジット協会「日本のクレジット統計2021年版」）に次いで2番目に利用総額の大きいキャッシュレス決済サービスにまで成長しました[1]。

図1　代表的なコード決済サービス

・スマホアプリで支払うキャッシュレスサービス
・店舗ではQRやバーコードを使って使用
・個人間送金やインターネットでの支払いにも利用できるものが多い

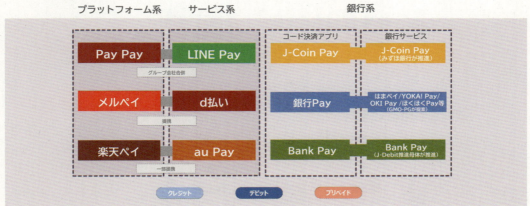

[1] なお、統計上、コード決済の利用額は、残高が前払式支払手段（電子マネー）として、クレジットカード紐（ひも）付け決済と、残高にクレジットカードでチャージした額がクレジット利用額にも算入されるので、これらの数値には重複もある

コード決済の種類

コード決済は多様化が進んでいます。コード決済を提供する運営会社の属性や、利用範囲などによっていくつかの類型に整理されます。

①汎用型1（銀行以外によるもの）

利用可能な場所を特定の店舗やチェーン店などに限定せず、より広範囲での利用を前提としたコード決済で、PayPay、d払い、au Pay、楽天ペイ、メルペイなどがこれに当たります。一部のコード決済サービスは、日本ばかりでなく海外への進出も始めています。

②汎用型2（銀行によるもの）

広範囲で利用できることを前提とした点は汎用型1と同じですが、銀行口座からの支払い専用になっている点が特徴です。J-Coin Pay（みずほ銀行等が提供）、Bank Pay（日本電子決済推進機構が運営）、銀行個別の銘柄（はまPay、YOKA!Pay、OKI Pay等）などが存在します。

③ハウス型

利用範囲を特定の店舗などに限定したコード決済で、地方自治体、専門店、百貨店、ショッピングセンター等が提供する事例が増えています。最近は、流通業などが利用者に発行していたプリペイドカードやポイントカードを、スマホのコード決済アプリに統合していく事例も増えています。

コード決済の基本機能

コード決済には、店舗やネットショップなどでの支払い、相手方への残高の送金の2つの機能があります（図2）。

図2　コード決済の主な用途

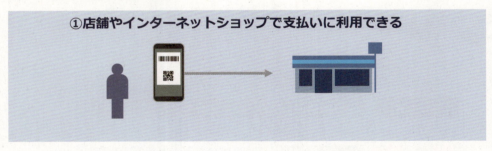

①店舗やインターネットショップで支払いに利用できる

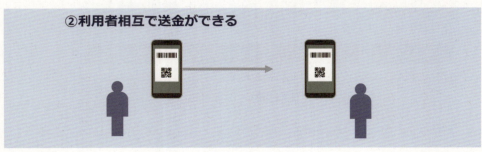

②利用者相互で送金ができる

①店舗等での支払い

店舗での支払いの際には、アプリの画面に表示した支払い用のQRコードやバーコードを店員に見せ、機械で読み取って支払う方式（方式1）と、店舗に表示される専用のQRコードをスマホで読み取って支払う方式（方式2）があります（図3）。例えばコンビニなどでは、レジの金額がコード決済の支払処理に自動的に反映されるのですが、利用金額が店舗の設備の都合で連携できず、支払いの際に利用者自ら金額をアプリに打ち込む方式を取る店舗もあります。打ち込んだ金額を店員が確認した後で支払処理が完了しますが、金額を間違えないよう注意が必要です。

ネットショップの場合ですが、パソコンのブラウザで利用する場合と、コード決済のアプリが入った同じスマホで利用する場合とで異なります。パソコンの場合は、購入時にパソコンの支払画面にQRコードが表示され、スマホでそれを読み取って支払う方式が一般的です。スマホでネットショッピングを行う場合は、同じスマホでQRコードを読み取ることができないため、支払い時にはネットショップの画面から自動的にコード決済アプリが立ち上がる方式や、携帯電話番号、コード決済のアカウントのID、パスワードなどで認証して支払う方式などがあります。

②送金

送金機能は、事前にチャージしておいた残高の一部を受け手に送るというものです。多くの場合、受け手は同じコード決済アプリの利用者に限定されますが、銀行が提供するコード決済には「ことら」と呼ばれる新しい少額銀行送金のシステムを利用してさまざまな銀行への送金に対応するものも現れています。

図3　コード決済の店舗での支払い方法

方式1
店員が顧客のスマホ上に表示されたコードを読み取る方式

この方式の呼び方
利用者提示型、顧客提示型、消費者側提示モード、ストアスキャン、CPM（Consumer Presented Mode）、など

方式2
顧客が店舗に表示（掲示）されたコードを読み取る方式

この方式の呼び方
店舗提示型、店舗側提示モード、ユーザースキャン、MPM（Merchant Presented Mode）、など

第8章　コード決済（1）

コード決済のアプリ登録

　コード決済の利用はスマホアプリの導入が前提となっています。

　コード決済アプリを利用するためには、必ずコード決済運営会社のサービスへの登録が必要で、そのためにアカウント登録を行います（図4②）。アカウント登録の際には本人確認のための認証を行いますが、その際に電話番号とメールアドレスなどの基本情報のみで認証して登録する場合と、マイナンバーカードや運転免許証などの公的書類の写真を送るなどして認証する場合があります。前者の基本情報のみで認証して登録した場合と、後者の公的書類を用いて認証した場合とで利用できるサービスの内容が少し異なります。

「残高方式」か「紐付方式」を設定

　コード決済には、事前にチャージした残高で支払う「残高方式」と、残高ではなく利用時に事前に登録したクレジットカードや銀行口座から直接支払う「紐付方式」の2通りの支払い方法があります。

残高方式

　電子マネー同様、事前に残高にチャージしてから店舗などで支払う方式です。主なチャージ方法は次のとおりです。

● 現金チャージ

　店舗のレジやチャージ機、ATMなどで現金を払ってチャージする方法。コード決済の種類によってチャージ可能な機械やATMなどが異なります。

● 銀行口座からチャージ

　インターネットバンキングの利用登録をすませた銀行口座を認証して登録します。チャージ額がそのつど

図4　コード決済を利用するまでの流れ

① アプリの登録
- iPhone
  App Storeから必要なアプリを導入
- Android
  Google Play から必要なアプリを導入

② アプリ設定
- アカウント登録および本人確認*
- 決済用カード、銀行口座等の設定、等

③ 利用前の設定
- 残高方式
  コンビニATM、インターネットバンキング、クレジットカードなどで残高にチャージ
- 紐付方式
  支払い用のクレジットカード等を登録

④ 利用
- 店舗やネットで支払い
- 残高を送金

*本人確認
マイナンバーカード等公的書類を確認する場合と、事業者任意の方法（電話番号、住所等の申告）による場合がある

銀行口座から引き落とされます。

●クレジットカード等でチャージ

　クレジットカード情報（ブランドデビット、ブランドプリペイドの登録が可能な場合もある）を登録し、チャージ額をそのつどクレジットカードで支払う方法です。

　その他、ポイントを残高に加えて支払うことができるコード決済もあります（PayPay の PayPay ポイント等）。

紐付方式

　コード決済の支払いごとに残高からではなく事前に設定しておいたクレジットカード、または銀行口座から支払う方式です。

●クレジットカード紐付け

　コード決済の代金を事前にチャージした残高ではなく登録したクレジットカードで支払います。サービスによってはクレジットカードだけでなく、ブランドデビット、ブランドプリペイドも登録できることがあります。なお、この方式のサービスには「チャージ＆ペイ」といって、コード決済を利用する瞬間に利用代金をいったんクレジットカード払いで残高にチャージし、即座にその残高で支払うようになっているもの（PayPay、LINE Pay など）もあり、「チャージアンドペイ」と呼ばれることもあります。

●銀行口座紐付け（スマホデビット）

　コード決済の代金を事前にチャージした残高ではなく登録した銀行口座で支払います。この方式は、コード決済の利用時に即座に銀行口座から利用額が引き落とされます。

注意事項

　コード決済には、登録可能なクレジットカードの種類を残高方式と紐付方式とで区別している場合があるので注意が必要です。例えば、PayPay は残高へのチャージには「PayPay カード」のみが対応しており、それ以外のクレジットカードは紐付方式にしか登録できません。

　LINE Pay は残高方式にクレジットカード払いが利用できず、LINE Pay Visa カード、もしくは三井住友カードが発行する Visa ブランドのクレジットカード（一部除く）のみ紐付方式に対応するなど、消費者にとって分かりにくい面もあります。

多様化・重層化するキャッシュレス決済 —そのしくみとサービスを学ぶ—

第9章　コード決済（2）
―コード決済に関する制度の整理―

制度の整理

コード決済は、アプリによってさまざまな支払手段に対応しているため、規制対象となる制度も多岐に及びます。

コード決済の方式を大きく分けると、事前にチャージした残高で支払う「残高方式」と、残高ではなく利用時に事前に登録したクレジットカードや銀行口座から直接支払う「紐付方式」に分けられます。

コード決済の方式ごとに法律や規制などをまとめると、おおむね次のとおりになります。

残高方式

残高方式では、残高の取扱いが、資金決済に関する法律（資金決済法）に基づく「前払式支払手段」か「資金移動」かに分かれます（図1）。

(1) 前払式支払手段の場合

残高の利用目的が原則として店舗などでの支払いと、送金（残高譲渡）に限定されます。

前払式支払手段の残高を持つコード決済の場合、コード決済を提供する事業者は、前払式支払手段発行者として資金決済法に基づく登録が義務づけられています。

図1　残高方式

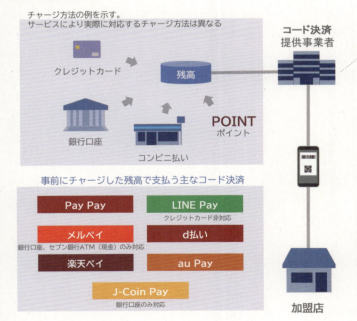

前払式支払手段は証票の利用範囲に応じて発行者が「自家型」と「第三者型」に分けられています。PayPay、d払い、J-Coin Pay、Bank Payなどの汎用型の場合は第三者型となります。利用範囲を特定の店舗などに限定したハウス型の場合、コード決済の利用範囲が同一事業者の運営する店舗等に限定される場合は自家型、そうでない場合は第三者型となります。

資金決済法は前払式支払手段発行者に対し苦情処理の体制や加盟店管理を義務づけています。この点は同じ前払式支払手段でもあるApple ギフト、Google Play ギフト、Amazon ギフトなどと同様です。

残高へのチャージ方法に対して明確な規制はなく、現状、コンビニなどでの現金払い、登録した銀行口座やクレジットカードでのチャージに対応しています。

なお、一度チャージした残高を現金で払い戻すことは原則として認められていません（資金決済法20条）。これは前払式支払手段の残高の取り扱いに関する規制です。

（2）資金移動の場合

本来、資金移動を目的とした滞留金を残高として利用する方式です。

残高の用途は、店舗などでの支払い、送金に加え、前払式支払手段では認められない払い戻しも可能です。QRコードに対応するATM（セブン銀行ATMなど）で残高の一部を現金で引き出したり、指定した銀行口座に残高を払い戻し（入金）したりすることができる点が資金移動の滞留金を残高とする場合の特徴です。

ただし、出金できる電子マネー残高へのチャージにクレジットカードを利用することができないという制限もあります。これは与信枠の現金化を防ぐための、クレジットカード会社の自主規制による制限です。

資金移動に対応するコード決済提供事業者は、資金移動業として金融庁（財務局）の登録を受けることが義務づけられます。現在、資金移動に対応するコード決済提供事業者は、送金の上限額が100万円に制限される第二種資金移動業として登録済みです[1]。

紐付方式

登録したクレジットカードや銀行口座[2]に紐付ける場合は、クレジットカードに紐付けた場合（**図2**）と銀行口座に紐付けた場合（**図3**）で対象となる制度が異なります。

（1）クレジットカード紐付型

登録したクレジットカードで支払う設定の場合、コード決済のアプリはクレジットカードを店舗等で利用するための媒体で、実際の支払いにはクレジットカードが用いられたものとみなされます。

この方式に対応するコード決済提供事業者には、店舗やインターネットショップ等と加盟店契約を締結し、実質的にクレジットカード番号等の取り扱いを行う事業者もあります。そのような事業者は割賦販売法に基づく「クレジットカード番号等取扱契約締結事業者」としての登録を受ける場合もあります（加盟店契約の締結をアクワイアラーや決済代行会社に委ねる場合には登録は不要）。

なお、クレジットカード番号等を登録する際、コード決済提供事業者が特に制限を加えていなければ、クレジットカード番号等と同じ国際カードの番号体系にあ

1　金融庁「資金移動業者登録一覧」（2024年10月11日時点）https://www.fsa.go.jp/menkyo/menkyoj/shikin_idou.pdf
2　本稿では、銀行とは普通銀行、信託銀行、協同組織金融機関（信用金庫、信用組合、労働金庫、農漁協等）などの金融機関を指す

第9章　コード決済（2）

図2　紐付方式－クレジットカード紐付型

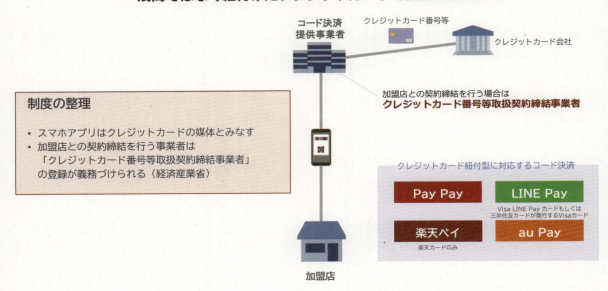

図3　紐付方式－銀行口座紐付型

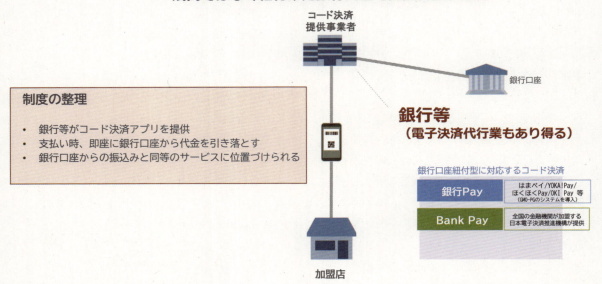

― 39 ―

るブランドデビット、ブランドプリペイドの番号等を登録して利用することもできます。

（2）銀行口座紐付型（スマホデビット）

　残高によらず登録した銀行口座で支払う方式で、利用時即座に銀行口座から代金が引き落とされることから、デビット決済に位置づけられます。スマホデビットの提供者になる銀行には銀行法が適用され、預金預入等に関する規制を受けます。しかし、銀行法がデビット決済の業務やサービス、消費者の苦情対応などを規定しているわけではなく、実質的にデビット決済そのものを規制する法律はありません。またこれは国際カードによるブランドデビットにも共通する点です。

　この方式は基本的に銀行のみが対応しており、利用者からみれば、預金に付帯するサービスです。店舗などで支払った場合、利用者は口座振込によって、店舗などの口座に振込む手続きを行うのと同じ扱いです。いわゆる銀行振込の扱いと同じですので、利用者がスマホデビットによって詐欺などの取引に巻き込まれた場合に、制度を根拠とする抗弁対抗が難しいという課題があります。

多様化・重層化する **キャッシュレス決済** ―そのしくみとサービスを学ぶ―

第10章　タッチ決済（1）
―タッチ決済のしくみ―

タッチ決済とは

「タッチ決済」とは、カードやスマホを店舗などの読取機[1]にタッチさせることで支払うサービスの通称です（**図1**）。Suicaなどの交通乗車券、nanaco、WAONなどの電子マネー（前払式支払手段）、クレジットカード等に付随するiD、QUICPayに加えて、ビザ、マスターカードなどの国際ブランド運営会社によるVisaタッチ決済、Mastercardコンタクトレスなど、たくさんの種類があります。どれもカード方式（非接触型ICカード）と、スマホアプリ（スマホ版タッチ決済）があり、スマホで利用するには、iPhoneのApple Pay、AndroidスマホのGoogle Payなどのサービスがあります。また、Apple Pay、Google Payに登録したカードを店舗やゲートなどでタッチして使えるようにするためのウォレットアプリ（Apple Wallet、Google Wallet）も提供されています。

フィーチャーフォンには「おサイフケータイ」と呼ば

図1　スマホによるタッチ決済のイメージ

1　カードリーダー（ライター）などと呼ばれ、非接触型ICカードやスマホのICチップの情報の読み取り、認証、書き込みに対応しているものを指す

れるサービスがあり、タッチ決済の各種サービスに対応していました。おサイフケータイは国内専用でしたが、Apple Pay、Google Pay は Visa タッチ決済、Mastercard コンタクトレスなどを登録すれば海外でも利用できるようになっています。

スマホ版タッチ決済のしくみ

　スマホ版タッチ決済には、Apple Pay、Google Pay などのアプリを用います。Apple Pay、Google Pay はスマホに「お財布」の機能を持たせるアプリで、タッチ決済サービスばかりでなく、会員証やポイントカードなどのさまざまなカードを登録できるようになっています。Apple Pay、Google Pay をタッチ決済のサービスで利用するためには、スマホが NFC（Near Field Communication）と呼ばれる国際規格に準拠していなければなりません。NFC は、10cm 程度以内の距離で読取機に反応して通信ができるための規格で、ISO/IEC（国際標準化機構／国際電気標準会議）が定めています。数多く存在するスマホの中にはこれに対応していないものもあります。

　NFC 規格に準拠したスマホには、主な非接触型 IC カードのサービスで用いられる物と同じ IC チップが組み込まれています。カードは 1 枚で 1 つの決済サービスしか対応しませんが、スマホの場合は Apple Pay、Google Pay に複数の決済サービス（カード）を登録し、利用時に選択して支払うこともできます（図 2）。

　タッチ決済が対応する IC チップの方式は大きく 2 種類あり、それぞれ利用できる決済サービスが異なります。

①国内方式

　Suica などの交通乗車券、nanaco、WAON など

図2　タッチ決済アプリに対応するサービスの例

アップルペイ/Apple Pay (iOS)		グーグルペイ/Google Pay (Android)	
日本	海外	日本	海外
対応サービス FeliCa ・Suica ・Pasmo ・nanaco ・WAON ・iD ・QUICPay Type A/B ・Visaタッチ決済 ・Mastercardコンタクトレス	対応サービス Type A/B ・Visaタッチ決済 ・Mastercardコンタクトレス ・AMEXタッチ決済	対応サービス FeliCa ・Suica ・Pasmo ・nanaco ・WAON ・楽天Edy ・iD ・QUICPay Type A/B ・Visaタッチ決済 ・Mastercardコンタクトレス	対応サービス Type A/B ・Visaタッチ決済 ・Mastercardコンタクトレス ・AMEXタッチ決済

スマホに非接触型ICチップが組み込まれていることが必要（NFCに加えFeliCa方式に対応していること）

の電子マネー、iD、QUICPay などで、ソニーが開発した「フェリカ（FeliCa）」と呼ばれる IC チップを用いています。海外にも限定的に利用できる場所がありますが、基本的に国内専用のサービスです。なお、海外で発売されるスマホの一部には、NFC 規格に準拠していても、この国内方式には対応していないものがあります。

②世界共通方式

Type A または Type B と呼ばれる国際規格の読取機に反応する IC チップで、これを用いたサービスには、Visa タッチ決済、Mastercard コンタクトレス、その他国際ブランド運営会社がしくみを提供している各種タッチ決済があります。NFC 規格に準拠しているスマホはすべてこの方式に対応しています。

タッチ決済の決済サービス

タッチ決済の決済サービス

タッチ決済の決済サービスには、先にも触れたとおり Suica、nanaco、WAON、iD、QUICPay などに加え、Visa タッチ決済、Mastercard コンタクトレスなどがあります。それぞれの主な特徴は次のとおりです。

〈交通乗車券（兼電子マネー）〉
● Suica

JR 東日本が発行、運営する交通乗車券（兼電子マネー）。PASMO（後述）、TOICA（JR 東海）、ICOCA（JR 西日本、JR 四国）、SUGOCA（JR 九州）、Kitaca（JR 北海道）等のエリアでも利用できます。カード型が基本で、Suica 機能単一のカード、クレジットカードと Suica が一体になったカードなどがあります。

Suica 機能単一のカードの場合のみ、スマホにカード情報を取り込んでタッチ決済アプリ（Apple Pay、Google Pay）に登録することができます。取り込み不可の Suica だった場合や元となるカードがない場合でも、タッチ決済アプリ上で利用登録することで、スマホに備わる IC チップ内に Suica の情報が新規発行され、スマホで Suica が利用できるようになります。この機能があるため、JR 東日本エリア外に住むなどの理由で Suica のカードを購入できない人でも、タッチ決済に Suica を登録して利用することができるようになっています。なお、2023 年以降 JR 西日本が発行する ICOCA も Suica 同様 Apple Pay、Google Pay に対応しました。

● PASMO

株式会社パスモが運営し、関東を中心とした交通機関が発行する交通乗車券です。Suica 同様、ほかの銘柄の交通乗車券エリアでも利用できます。PASMO は Suica のしくみを利用していることから、その枠組みそのものは Suica とほぼ同様で、PASMO 単機能のカードに加え、クレジットカードと一体になったカードなどが存在します。タッチ決済アプリへの登録方法は Suica と同じです。

〈電子マネー〉

国内で普及する電子マネーでは、nanaco、WAON は Apple Pay および Google Pay に、楽天 Edy は Google Pay に登録して利用することができます。どのカードも共通して電子マネー単一機能のものと、クレジットカード等と一体になったものがあります。タッチ決済アプリへの登録は、Apple Pay または Google Pay アプリを立ち上げてスマホでカードを読み込む方法と、各電子マネーの発行会社が認証することで直接スマホの IC チップに電子マネーを新規発行する方法のいずれかによって行えます。

〈iD／QUICPay〉

　iDとQUICPayは、クレジットカード等（一部ブランドデビット）に付随するタッチ決済サービスで、国内方式（ICチップはフェリカ）を採用しています。iDはNTTドコモ、QUICPayはJCBがしくみを運営しており、クレジットカード等の発行会社（イシュアー）が個別にNTTドコモまたはJCBと契約することで、クレジットカード等の利用者がiDまたはQUICPayとしてタッチ決済を利用できるように対応しています。

　カード型のiDやQUICPayも存在しますが、最近普及が進むのがスマホのタッチ決済アプリ（Apple Pay、Google Pay）にクレジットカード等を登録して利用する使い方です。登録する元のクレジットカード等の種類によって、iDとして登録される場合とQUICPayとして登録される場合があります。JCB、アメリカンエキスプレスブランドのカードを登録するとQUICPayに、ビザ、マスターカードブランドのカードの場合は、発行会社（イシュアー）によってiDになる場合とQUICPayになる場合に分かれます。

　iDとQUICPayはクレジットカードやブランドデビットに付随するサービスで、キャッシュレス決済サービスとしての制度上の分類には当てはまりません。そのため、付随している元のサービスの制度が当てはまるかどうかが重要です。例えばクレジットカードに付随するiDで支払われた場合は、元のクレジットカード決済が「包括信用購入あっせん」に当たる場合に割賦販売法を適用し消費者の保護ができるのではないか、という考え方で整理する必要があります。

〈国際ブランドのタッチ決済〉

　ビザの「Visaタッチ決済」、マスターカードの「Mastercardコンタクトレス」に加え、JCB、アメリカンエキスプレスなどのものがあり、各国際ブランド運営会社がしくみを提供しています。クレジットカード会社等（イシュアー）はそれぞれが扱うブランドの種類に応じて、通常のクレジットカード等にタッチ決済機能を付加しています。国際規格のType AまたはType Bと呼ばれる仕様のICチップを用いており、世界各地でも利用できることが特徴です。また、最近は国内でも一部の鉄道やバスなどで、Suicaなどの交通乗車券の代わりにVisaタッチ決済をゲート等にタッチしてそのまま乗車できるサービスも始まっています。

　国内で発行されている国際カードは一部を除き新しいカードのほぼすべてにタッチ決済が付いています。タッチ決済に対応するカードには波のマーク（**図3**）が付いていますので区別ができます。

　カード版のタッチ決済をスマホのApple PayまたはGoogle Payで利用する場合、事前にスマホにカード情報を入力（カード表面をカメラで読み取ることも可）するなどしてカード情報を登録します。

　なお、カード版タッチ決済をスマホ版のタッチ決済で利用するためには、発行会社（イシュアー）のシステムがApple Pay、Google Payに対応している必要があります。そのためタッチ決済に対応するカードでもApple Pay、GooglePayに登録できないものもあります。

図3　タッチ決済対応のマーク

多様化・重層化する キャッシュレス決済 ―そのしくみとサービスを学ぶ―

第11章　タッチ決済（2）
―タッチ決済に関する注意事項―

タッチ決済（スマホ版）使用上の注意事項

　タッチ決済はコード決済と異なり、使用時に読取機にスマホをタッチさせるだけで支払いが完了します。スマホアプリを立ち上げてコードを表示するなどの操作が必要なコード決済よりも簡単で便利という評価もあります。しかし、タッチ決済はその機能に起因する次のような注意点があります。

●複数のキャッシュレス決済サービスを登録した場合

　店舗などで読取機にスマホをタッチする際に、登録したサービス（カード）のどれを使用するのかを指定する必要があります。例えば、タッチ決済アプリの1つApple Payで複数のカードを登録している場合、使いたいカードをあらかじめ選択しておき（図1 ①）、店舗の読取機にスマホをタッチさせます。カードを選択しなかった場合は一番手前に表示されているカードが用いられます（図1 ②）。複数のカードの表示順序は手前に表示したいカードを下の方向にドラッグ・ドロップすることで入れ替えることができます（図1 ③）。こういう使い方は慣れれば簡単なことですが、タッチ決済はタッチするだけとはいえ、利用者が意識してカードを選択しておくなどの基本操作が必要です。

●スマホの画面ロックを無視して利用できる設定がある

　Apple Payに登録したカードに「エクスプレスカード」と呼ばれる機能を設定すると、スマホがロックされた状態（画面ロック）でも、読取機にスマホをタッチすると反応し利用できるようになります。Apple Payでは交通乗車券を登録すると自動的にエクスプレスカード機能の設定がなされ、画面ロックの状態でも読取機にスマホをタッチさせるだけで支払いが完了します。交通乗車券以外のサービス（カード）にも任意でエクスプレスカード機能の設定ができるものもあります。Google Payでは交通乗車券を登録すると画面

図1　タッチ決済アプリにおけるカードの選択

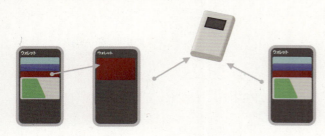

①あらかじめ選択したカードで読取機をタッチ

②カードを選択しない場合は一番手前のカードで支払われる

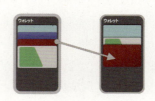

③カードの表示順はカードをドラッグ・ドロップして変更できる

ロックを無視する設定になります。

　交通乗車券は基本的にプリペイド方式ですので残高以上の額は利用できませんが、クレジットカードからのオートチャージ機能を設定している場合、スマホの盗難時に悪用されてしまう可能性もありますから、注意が必要です。

タッチ決済に関する制度の整理

　「タッチ決済」は特定のキャッシュレス決済を指す用語ではなく、利用形態の1つを表しています。そのため、タッチ決済そのものを規制する制度は存在せず、タッチ決済として利用するキャッシュレス決済サービスが何かによって根拠となる制度が変わります。また、Apple Pay、Google Pay、それぞれのアプリはタッチ決済のサービスをまとめて収納する電子的な「お財布」ととらえます。これと同じ意味で、スマホアプリがキャッシュレス決済の「媒体」であると表現されることもあります（図2）。

　Apple Pay、Google Payが対応する代表的なキャッシュレス決済サービスの根拠となる制度は次のとおりです。

交通乗車券（兼電子マネー）

　Apple Pay、Google PayのどちらもSuica、ICOCA、PASMOに対応します。Suica、ICOCA、PASMOは交通乗車券ですが、残高を電子マネーとしても利用できることから流通系電子マネーWAON、nanacoなどと同じ前払式支払手段（ICカード型）に分類されます（図3）。利用者がトラブルに巻き込まれた場合の問い合わせ先はアプリ提供事業者（アップル、グーグル）ではなく、使用した交通乗車券のイシュアー（SuicaはJR東日本、ICOCAはJR西日本、PASMOは株式会社パスモ）となります。

　なお、交通乗車券は前払式支払手段の例外として使わなくなった残高の払戻しに対応しています（電

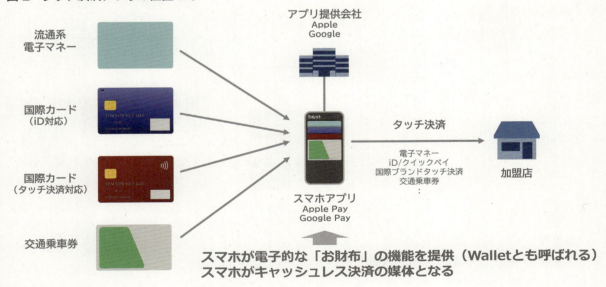

図2　タッチ決済アプリの位置づけ

子マネーを含む他の前払式支払手段は残高の現金払戻しが原則禁止されている)。カード型の交通乗車券の場合、専用のATMやCD機（キャッシュディスペンサー）、または鉄道会社の窓口などで払戻しを受けられますが、Apple Pay、Google Payの場合は、利用者がアプリを操作して指定した銀行口座に払戻し手続きを行うようになっていますので注意が必要です。

流通系電子マネー

Apple PayはWAONとnanacoに、Google Payはそれらに加えて楽天Edyにも対応します。すべて制度上は前払式支払手段（ICカード型）に分類されます（図3）。Apple Pay、Google Payを通してそれらの電子マネーを利用した場合でも、Apple Pay、Google Payは「お財布」の機能しか提供しておらず決済には関与していません。そのため、利用者がApple Payを使って支払った際にトラブルに巻き込まれた場合などの問い合わせ先は、先に述べた交通乗車券を登録して使用した場合に同じく、Apple Pay、Google Payのアプリを提供するアップル、グーグルではなく、実際に使用した電子マネーの発行会社（イシュアー）となります。

iD／QUICPay

iD／QUICPayは国際カードに付随するサービスで、それ自体が対象となる法律はありません。Apple Pay、Google Payに登録して利用した場合は、iD／QUICPayが付随する元の国際カードの規制に従います。元の国際カードがクレジットであれば包括信用購入あっせんに当たり、規制法は割賦販売法（2カ月以内の支払いを除く）、ブランドデビットの場合は銀行口座振込となり、広い意味で銀行法の範ちゅうですが、デビットカードでの決済に関して苦情処理を

図3　タッチ決済アプリに電子マネーを登録した場合の整理

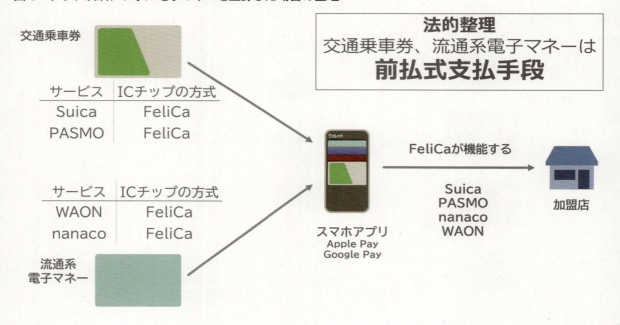

第 11 章　タッチ決済 (2)

銀行に義務づける制度はありません。ブランドプリペイドの場合は、前払式支払手段か資金移動のどちらかですが、どちらの場合も資金決済法の適用を受けます（図4）。

電子マネーを登録した場合などと同様、利用者が支払いに関するトラブルにあった場合の問い合わせ先は、アプリ提供者（アップル、グーグル）ではなく、元の国際カードの発行会社（イシュアー）です。

国際ブランドのタッチ決済

Visaタッチ決済、Mastercardコンタクトレスなどの国際ブランドによるタッチ決済に対応した国際カードを Apple Pay、Google Pay に登録した場合は、登録した国際カードがクレジット、ブランドデビット、ブランドプリペイドのどの種別かによって、対象となる規制が異なります（図4）。国際カードの規制はiD／QUICPayの項に記した内容と同じです。利用者が支払いに関するトラブルにあった場合の問い合わせ先がアプリ提供者（アップル、グーグル）ではなく、元の国際カードの発行会社（イシュアー）という点も同じです。

コード決済との違い

タッチ決済のアプリである Apple Pay、Google Pay は電子的な「お財布」の機能を提供するだけで、キャッシュレス決済機能を提供するわけではありません。それに対して PayPay などのコード決済用のアプリはキャッシュレス決済機能を提供します。その違いは、利用者による決済が絡む苦情処理を誰が行うかという点に表れます。タッチ決済の場合はこれまで述べたとおり、基本的に登録したカードなどの

図4　タッチ決済アプリに国際カードを登録した場合

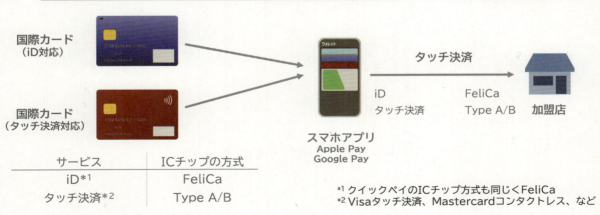

法的整理

登録したカードの種別	支払い方法の整理	制度
クレジット	2カ月超え払い（包括信用購入あっせん）	割賦販売法
ブランドデビット	普通預金等銀行口座からの振込依頼	（銀行法）
ブランドプリペイド	前払式支払手段または資金移動	資金決済法

*1 クイックペイのICチップ方式も同じくFeliCa
*2 Visaタッチ決済、Mastercardコンタクトレス、など

第 11 章　タッチ決済 (2)

発行会社（イシュアー）が行うのに対し、コード決
済はアプリの提供会社や運営会社が行います。例え
ば PayPay の運営会社である PayPay 株式会社は、
前払式支払手段発行者、資金移動業者として金融
庁（財務局）の登録を受けており、資金決済法に
定められる利用者の苦情処理体制の整備（前払式
支払手段に関して）などが義務づけられています。

第12章　後払い決済（BNPL）

後払い決済とは

「後払い決済」に関して、制度上あるいはキャッシュレス決済の分類上の明確な定義があるわけではありません。広義ではクレジット払いも含み、商品やサービスなどの購入代金を、購入時点ではなく後で支払うキャッシュレス決済全般をいいますが、狭義では、株式会社ネットプロテクションズ（以下、NP社）などの事業者による「コンビニ後払い」とも呼ばれる方式を指す用語として用いられることがあります。なお、海外では後払い決済を一般にBNPL（Buy Now Pay Laterの略）と呼んでおり、広義ではクレジット決済も含みます。

後払い決済の類型整理

「後払い決済」を広い意味でとらえた場合、その類型はクレジットカード、コード決済（クレジットカード紐ひも付け）、キャリア決済、コンビニ後払いとその発展系などまで含まれます。改めてまとめると次のとおりです（図1）。

クレジットカード

クレジット払いが設定された国際カード

図1　後払い決済のおおまかな類型

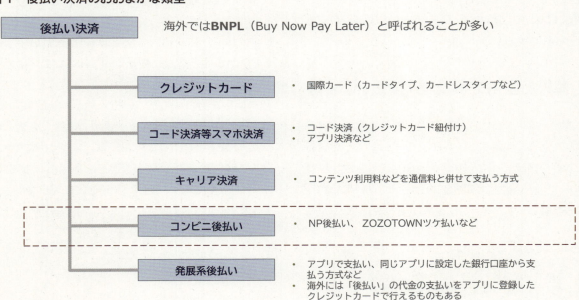

第 12 章　後払い決済（BNPL）

コード決済（クレジットカード紐付け）

スマホのコード決済に国際カード（クレジット）を紐付けて支払う場合や、クレジットカードを登録したアプリで支払う場合など

キャリア決済

モバイル通信事業者による支払い手段。コンテンツ利用料などを通信・通話料金とあわせて支払う方式

コンビニ後払い

ネットで利用（決済）した時点で注文が完了し、代金は1カ月程度後に設定された期日までにコンビニで支払う方式[1]

発展系後払い

あらかじめ後払いアプリに支払方法を設定しておき、利用（決済）後、決められた期日までに代金を支払う方式。支払方法には、口座振替や銀行振込、請求書払いなどがあり、キャッシュレス決済から選択できるものもある[2]

海外と国内で異なる「後払い」事情

まず、クレジットカードが普及している欧米やオーストラリアなどの場合、クレジットカードは銀行が発行し、そのほぼすべてがリボ払い専用です。クレジットカードの利用状況は銀行に記録され、信用スコア[3]にも影響します。そういう地域で新たに普及が進ん

だBNPLの多くはアプリで提供され、利息が付くリボ払いではなく、分割手数料無料で3、4回などの分割払いが可能、さらに銀行に利用状況を把握されないためクレジットスコア[4]に影響しないなどが特徴です。そのようなサービスを望む消費者や、外国人労働者などクレジットカードを持てない人に支持されたようです。それに対して東南アジアなど、クレジットカードの普及が遅れている地域では、BNPLがクレジットカードの代替手段として支持されたと想像されます。BNPLは地域によって普及の背景も異なるわけです。

日本では、以前から公共料金などをコンビニで支払う「従来型コンビニ払い」が認知されており、ネット通販での支払いなどにも利用できました。クレジットカードを持たない人や、持っていても積極的に使わない消費者などがコンビニ払いを利用する傾向があります。

従来型コンビニ払いは収納代行方式のため、利用者がコンビニで代金を支払わないと販売事業者に代金が支払われず、結果的に未回収となるリスクがありました。それに対してNP社などが始めた「コンビニ後払い」は、利用者が実際に代金を支払うかどうかにかかわらず、販売事業者には代金が立替払いで支払われます。これは販売事業者にとって、代金未回収を避けられる「高機能版」コンビニ払いともいえ、メリットが大きいといえます。また、消費者にもメリットがあります。販売事業者は未回収リスクを避けるため、大手通販業者などでは利用者が従来型コンビニ払いで支払う場合、実際にコンビニで代金を支払ったことを確認したうえで商品を発送するように

---

1 日本ではNP社などが始めたサービスだが、本稿ではほかの「後払い決済」との混同を避ける目的でこれを「コンビニ後払い」と表記する
2 この方式は海外で先行しているが、国内でもサービスが始まりつつある
3 個人の信用力を評価し、数値化したもの
4 アメリカの信用スコア（クレジットスコア）は、支払履歴、クレジットの種類、新規借入額といったクレジットに関する情報を数値化する

しています。そのため従来型コンビニ払いでは実質的に「先払い」する必要があります。コンビニ後払いの場合は、注文後すぐに商品が発送され、利用者は後で都合のよい時にコンビニに出向いて代金を支払う「後払い」方式というわけです。

海外と国内で異なる点を解説しましたが、共通する点もあります。どちらも本来のクレジット決済よりも簡便に利用できるようにすることで、運営事業者が規制を受けずにサービスを開始できたことです。しかし、アメリカなどではBNPLによる過剰債務の割合が増加していることを問題視し、今後規制を強化することを発表しています。

日本のコンビニ後払いとその課題

ここからは日本のコンビニ後払いの課題に絞って解説します。国内のコンビニ後払いの多くは、利用から支払いまでの期間を2カ月以内にすることで、割賦販売法の規制の対象外となっています。それに対し、本来のクレジットカード取引（2カ月超えの支払い）は割賦販売法の規制を受けます（**図2**）。カード発行を行うクレジットカード会社などには「包括信用購入あっせん業者」として、加盟店契約の締結を行うアクワイアラーや決済代行会社には「クレジットカード番号等取扱契約締結事業者」としての登録制度が敷かれ、前者には利用者の審査（初期審査と継続的な信用管理など）を、後者には加盟店の調査（初期の審査と継続的な調査を含む）、両者共通して苦情処理の体制整備などが義務づけられています。

割賦販売法の規制を受けないコンビニ後払いの場合、利用者の審査や加盟店の調査に関する制度上の義務がありません。クレジットカードビジネスに比べ

図2　割賦販売法と後払い決済の関係性

> **割賦販売法の規制を受ける場合**
>
> **2カ月超え払い**
> 利用時から実際に代金を支払うまでの期間が**2カ月を超える**
> * リボ払い、分割払い
> * 利用後2カ月以上経過した後での支払いが可能な場合

> **割賦販売法の規制を受けない場合**
>
> **2カ月以内払い**
> 利用時から実際に代金を支払うまでの期間が**2カ月以内**
> * クレジットカードの一括払い
> * NP後払い等の「コンビニ後払い」
> * キャリア決済

参入障壁が低く、事業者の裁量で苦情処理や加盟店の調査の体制を構築できます。そのため、クレジットカード会社や決済代行会社が加盟店契約しないような、問題のある販売事業者でもコンビニ後払いが利用できるようになっています。

特に、コンビニ後払い事業者（後払い決済サービス事業者）の加盟店である一部の販売事業者において、消費者トラブルが目立つようになり、消費生活センターなどに寄せられる苦情が増えていることは深刻な課題といえるでしょう。全国の消費生活センターなどには、「お試し」定期購入に関する相談が多く寄せられていますが、その「お試し」定期購入の決済手段として、後払い決済サービスが多く利用されています。消費者トラブルには、「1回だと思い注文してしまった。高額で支払えないので解約したいが、販売店が応じない」「解約したはずなのに、請求書が届いた」「解約したいが電話がつながらない」などがあります[5]。

このような販売事業者の中には、以前はクレジットカードにも対応していた所もあります。しかし、最近では割賦販売法の規制強化に伴い、アクワイアラーや

5　国民生活センター「(特別調査)消費者トラブルからみる立替払い型の後払い決済サービスをめぐる課題」(2020年1月23日)
https://www.kokusen.go.jp/news/data/n-20200123_1.html

第12章　後払い決済（BNPL）

決済代行会社がそのような事業者とは契約しないように
なりつつあります。そこで、加盟店審査が比較的
緩いコンビニ後払いを用いる、という悪循環も生まれ
ているようです。

　このような状況を改善し、後払い決済サービスの
取引を適正化していく目的で、2021年5月に、後払
い決済サービスを提供する事業者数社が「日本後
払い決済サービス協会」（任意団体）を設立しまし
た[6]。割賦販売法が求める加盟店管理コンプライア
ンスに準じた自主規制ルールや、消費者や消費生
活相談員からの問い合わせ受付窓口を設けるなどの
対策を行っています。

後払い決済サービスの今後

　割賦販売法の規制を受けないコンビニ後払いにつ
いて、今後何らかのかたちで規制強化していくことは
避けられないでしょう。海外ではクレジットカード以外
のBNPLが規制対象となることで、後払い決済サー
ビス事業者の撤退や新規参入が減速するなどの現
象も表れています。事業撤退の理由を、「利用者の
未払いが想定以上に多く、回収がままならなかった」
と指摘する関係者もおり、信用審査の緩い後払い決
済サービス事業者が抱える課題を象徴しています。

　他方で、国内で割賦販売法の適用を受け、後払
い決済を拡張していく動きもみられます。

　例えば、後払い決済サービス事業者の1つとして
知られるPaidyの場合、割賦販売法の適用を受け
ない後払い決済（まとめて翌月支払）に加え、「3・
6回あと払い」に対応し、包括信用購入あっせん
業、個別信用購入あっせん業の登録も受けていま
す。登録済みの事業者による後払い決済は実質的
にクレジットカードと同じコンプライアンスのもとで提供さ
れるため、規制を受けないコンビニ後払いに比べ、よ
り適正に加盟店の管理運営が行われる可能性があ
ります。

　今後、後払い決済サービス事業者には、加盟店
管理や苦情処理に関する自主規制、コンプライアン
スの強化とその適正な運用を求めていくべきでしょう。

---

6 https://j-bnpla.jp/

多様化・重層化する キャッシュレス決済 ーそのしくみとサービスを学ぶー

第13章　プラットフォーム (1)

提供手段が多様化するキャッシュレス決済

　キャッシュレス決済は種類が増えただけでなく、キャッシュレス決済を提供する手段も大きく変化してきています。キャッシュレス決済を提供する手段として、スマホなどのプラットフォーム[1]や、決済代行会社やアクワイアラーを介さずにクレジットカードなどの国際カード決済ができるPayPalなどのプラットフォーム型決済サービスも加わりました。さらに、最近では大手のインターネット販売事業者であるAmazon、楽天などがキャッシュレス決済機能そのものを、個人を含む外部の販売者でも使えるように拡張しています。

　このような状況は、何かトラブルが起きたときに、キャッシュレス決済がどう行われたのか、誰が当事者なのか、誰に問い合わせればよいのか、などの整理を難しくする傾向を生み、消費生活相談員泣かせともいえます。

決済機能を持つプラットフォーム

　決済機能を含むプラットフォームは多様化が進んでいます。代表的な例をいくつか挙げます（**図1**）。

● スマホプラットフォーム
　Apple、Googleなど
● 大手インターネットショップ
　Amazon、楽天、Yahoo!など
● ネット販売プラットフォーム
　Stripe、BASE、STORES、Shopifyなど
● mPOS
　AirPay、Square、楽天ペイなど
● その他
　PayPalなど

図1　プラットフォーム型決済サービスの類型

[1] システムやサービスの土台・基盤となる環境のこと

第 13 章　プラットフォーム（1）

スマホプラットフォーム

Apple、Google などが提供するプラットフォームで、利用者がスマホで利用する有料サービスやアプリ、スマホに関連する物販などをまとめて提供しています。ゲームやコンテンツ提供事業者（販売者）はスマホプラットフォームを用いてゲームやコンテンツを提供し、スマホ利用者はスマホを通じて事前にアカウントに登録したクレジットカード番号等で支払い、ゲームやコンテンツを利用できるようになっています。

Apple、Google はそれぞれ対応する決済手段の幅を広げており、国際カード、ギフト（Apple ギフト、Google Play ギフト）、キャリア決済に加えて独自の後払い（BNPL）にも対応しています。

大手インターネットショップ

Amazon や楽天などの大手インターネットショップは、運営会社が商品を仕入れて販売することに加えて、運営会社以外の販売者が出店して販売することもできるようになっています。これを「マーケットプレイス出店」などと呼ぶことがありますが、この場合、販売者には法人ばかりでなく個人も含まれます。

なお、Amazon、楽天などはネットショップに組み込む決済機能のみの利用も可能で、それぞれ Amazon Pay、楽天 Pay として販売者に提供しています。この場合はマーケットプレイス出店ではなく、次で説明するネット販売プラットフォームに該当します。

ネット販売プラットフォーム

販売者にネットショップと決済のしくみを提供するサービスです。これまでは、販売者がインターネット上で販売から決済までの機能を構築するのは、決済代行会社等との契約やシステム開発など、一定のハードルがありました。ネット販売プラットフォームを利用することで、そのようなハードルが解消され、誰でも簡単にネット販売ができるようになりました。海外発祥のサービスに Stripe、Shopify など、国内発祥のサービスに BASE、STORES などがあります。最近はこの方式のサービスが増える傾向にあります。

大手インターネットショップとの違いは、多くの場合に、販売者が独自のネットショップを開設し、ショッピングカートや国際カードなどの決済機能を利用できるようにしている点です。しかし最近ではネットショップだけではなく、販売チャネル（経路）を広げ、SNS やメールなどで利用者に直接、商品広告の投稿等を行い、ネット販売プラットフォームの決済のしくみを利用することも増えています。そしてネット販売プラットフォームの多くがこのような利用を認めています。

なお、前述したように、Amazon Pay、楽天 Pay は、決済機能のみを利用してネットショップに組み込むこともできます。

mPOS

mPOS は mobile POS の略で、店舗がスマホやタブレットなどで国際カード決済などを行うためのサービスをいいます。スマホやタブレットに国際カードや電子マネーの読取機を接続し、スマホやタブレットを店員が操作することで支払いを受け付ける方式が一般的で、利用者はカードを提示し、場合によって利用者自らカードを操作するなどして支払います。

代表的なものには、Square、AirPay などがあり、大手インターネットショップとネット販売プラットフォームも兼ねる楽天 Pay がこの方式にも対応します。

その他：PayPal など

PayPal は、販売者（売り手）と買い手の決済や代金支払を簡単に行うための収納代行に加え、PayPal 利用者相互の送金に対応するサービスです。

第13章　プラットフォーム（1）

● 収納代行サービス

　メールでの請求や、ネットショップでの決済機能のための API[2] などを提供しています。例えば、メール請求は次のような流れで行われます。

① 売り手が PayPal のメール請求機能を選択し、買い手のメールアドレス、名目、金額などを指定
② PayPal から買い手に請求メールが送られる
③ 買い手に届いたメール内の URL をクリック
④ PayPal が運営する決済サービスに導かれ、カード番号等の入力などを行い決済が完了
⑤ 売り手の PayPal アカウントに対し代金が支払われる。国内ではいったん売り手アカウントの残高に充填され、売り手はいつでも残高を銀行口座に引き出すことができるようになっている

　収納代行サービスの場合、売り手は PayPal アカウントを持つことが必須ですが、買い手は PayPal アカウントを持っていなくても支払いができるようになっています。買い手が PayPal による請求で国際カード（クレジットカード）を使って支払った場合、クレジットカード会社の明細には、PayPal-○○○○というように、PayPal に続いて販売者の名義等が表示されることが多いようです（販売者やカード会社の明細出力の方式にも依存するため必ずそう表示されるとは限りません）。

● 送金サービス

　PayPal アカウントを持つ利用者相互の送金に対応しています。送金の提供に当たり、PayPal は資金決済法に基づく第二種資金移動業の登録を受けています。送金は、その原因となる取引が存在せず送金そのものを目的とする場合にも利用できます。送金そのものが目的の取引は為替といえ、銀行を用いた送金と変わりありません。

　なお、PayPal は送金サービスの利用者には公的書類の提出を求め、本人確認を行っています[3]。

図2　デジタルプラットフォームの体系

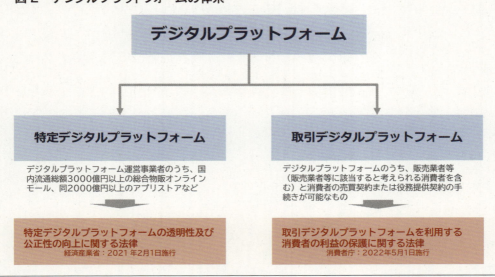

2　アプリケーション・プログラミング・インターフェースの略で、あるアプリケーションの機能や管理するデータ等を他のアプリケーションから呼び出して利用するための接続仕様・しくみを指す
3　個人アカウントで、1回当たり10万円以上の受け取り、銀行口座での支払いを希望する場合
4　特定デジタルプラットフォームの透明性及び公正性の向上に関する法律

第13章　プラットフォーム（1）

デジタルプラットフォーム

　国内では次の定義に当てはまるサービスを「デジタルプラットフォーム」と呼んでいます[4]（**図2**）。

①デジタル技術を用い、商品等提供者と商品等需要者の間の取引等をつなぐ場（多面市場）を提供する

②インターネットを通じ提供している

③ネットワーク効果（商品等提供者・商品等需要者の増加が互いの便益を増進させ、双方の数がさらに増加する関係等）を利用したサービスである

　この定義を分かりやすく表現すれば、インターネットで商品やサービスを販売し、国際カードなどの決済に対応するためのプラットフォームといえます。

　特徴として、売り手＝事業者、買い手＝個人となる B to C の関係にとらわれず、売り手と買い手の取引の場が提供されることが挙げられます。その結果、デジタルプラットフォーム上では売り手と買い手とが、B to B、B to C、C to C の関係によって区別することなく結ばれます。

多様化・重層化する **キャッシュレス決済** ―そのしくみとサービスを学ぶ―

第14章　プラットフォーム（2）

プラットフォームとアクワイアラー

国内では次の定義に当てはまるサービスを「デジタルプラットフォーム」と呼んでいます。
① デジタル技術を用い、商品等提供者と商品等需要者の間の取引等をつなぐ場（多面市場）を提供する
② インターネットを通じ提供している
③ ネットワーク効果（商品等提供者・商品等需要者の増加が互いの便益を増進させ、双方の数がさらに増加する関係等）を利用したサービスである

この定義を分かりやすく表現すれば、インターネットで商品やサービスを販売し、国際カードなどの決済に対応するためのプラットフォームといえます。

プラットフォームとアクワイアラーの関係を図に示すと、図1のようになります。

図1　プラットフォームとアクワイアラー

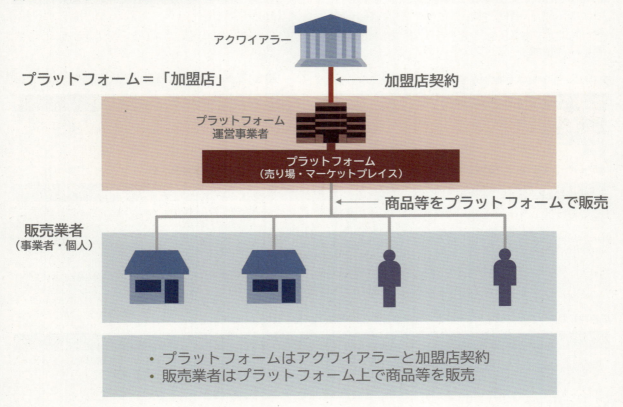

第 14 章　プラットフォーム (2)

デジタルプラットフォーム関連の規制

　デジタルプラットフォームに関する法律としては、経済産業省所管の「特定デジタルプラットフォームの透明性及び公正性の向上に関する法律（以下、特定DPF透明化法）」（2021年2月1日施行）と、消費者庁所管の「取引デジタルプラットフォームを利用する消費者の利益の保護に関する法律（以下、取引DPF法）」（2022年5月1日施行）があります[1]。

特定 DPF 透明化法

　デジタルプラットフォームのうち、特に取引の透明性・公正性を高める必要性の高いプラットフォームを提供する事業者を「特定デジタルプラットフォーム（以下、特定DPF）提供者」として指定し、規制の対象としています。特定DPF提供者として、前年度の国内流通総額が3000億円以上の総合物販オンラインモール運営事業者、同2000億円以上のアプリストア運営事業者などがあります（**表1**）。

　この法律では、特定DPF提供者に対し、DPF

表1　規律対象となる特定デジタルプラットフォーム

物販総合オンラインモール運営事業者（前年度の国内流通総額が3000億円以上）

指定された事業者	当該事業者が提供する物販総合オンラインモール
アマゾンジャパン合同会社	Amazon.co.jp
楽天グループ株式会社	楽天市場
ヤフー株式会社	Yahoo! ショッピング

アプリストア運営事業者（前年度の国内流通総額が2000億円以上）

指定された事業者	当該事業者が提供するアプリストア
Apple Inc. 及びiTunes株式会社	App Store
Google LLC	Google Play ストア

メディア一体型広告デジタルプラットフォームの運営事業者（前年度の国内売上額が1000億円以上）

指定された事業者	規制対象となる事業の内容
Google LLC	広告主向け広告配信役務である「Google広告」、「Display & Video360」等を通じて「Google検索」又は「YouTube」に広告を表示する事業
Meta Platforms, Inc.	広告主向け広告配信役務である「Facebook広告」を通じて「Facebook（Messenger含む）」又は「Instagram」に広告を表示する事業
ヤフー株式会社	広告主向け広告配信役務である「Yahoo!広告」を通じて「Yahoo!JAPAN（Yahoo!検索含む）」に広告を表示する事業

広告仲介型デジタルプラットフォームの運営事業者（前年度の国内売上額が500億円以上）

指定された事業者	規制対象となる事業の内容
Google LLC	広告主向け広告配信役務である「Google広告」、「Display & Video360」等を通じて、「AdMob」「Adsense」等により、媒体主の広告枠に広告を表示する事業

[1]　P56 図2参照

を利用する出店者（事業者）の保護や消費者トラブルのための対策などを求めています。その一部を抜粋します。

取引条件等の情報の開示

利用者に対する取引条件の開示や変更等の事前通知を義務づけることで、取引の透明性を向上させる。

●開示項目の例
・取引条件変更の内容及び理由の事前通知
・他のサービスの利用を有償で要請する場合に、その内容及び理由
・データの利用範囲
・出品の拒否・停止の理由
・検索順位を決する基本的な事項

自主的な手続・体制の整備

特定DPF提供者は、指針に基づいて必要な措置を講じ、公正な手続・体制の整備を行う。

●指針の内容の例
・取引の公正さを確保するための手続・体制の整備
・苦情処理・紛争解決のための体制整備
・関係者と緊密に連絡を行うための体制整備（国内管理人の選任）
・取引先事業者の事情等を理解するための仕組構築

取引 DPF 法

取引DPF法の取引デジタルプラットフォーム（以下、取引DPF）とは、特定DPF透明化法に規定するDPFのうち、オンラインモールやオークションサイトなど、実質的に通信販売に係る取引の「場」としての機能を持ち、販売業者等と消費者との間の通信販売に係る取引を対象としています。

この法律における「販売業者等」とは、「販売業者又は役務の提供の事業を営む者」をいい、事業者に該当するかどうかは、営利の意思を持って反復継続して取引を行っているかどうかで判断されます。したがって、売主が個人と称していても、客観的に事業者と判断されることがあります。

規制内容から消費者保護に関連する一部項目を以下に抜粋します。

取引 DPF 提供者の努力義務

取引DPFを利用して行われる通信販売取引（BtoC取引）の適正化及び紛争の解決の促進のため、次の措置の実施とその概要等の開示の努力義務。
・販売業者と消費者との間の円滑な連絡を可能とする措置
・販売条件などの表示に関し、苦情の申出を受けた場合の必要な調査などの実施
・販売業者に対して必要に応じて身元確認のための情報提供を求める

商品等の出品の停止

危険商品等[2]が出品され、かつ販売業者が特定できないなど、特定商取引法等の個別法が適用できない場合、取引DPF提供者に出品削除等を要請できる。

販売業者に係る情報の開示請求権

消費者が損害賠償請求等を行う場合に、必要な範囲で販売業者の情報の開示を請求できる権利を創設。

2　重要事項（商品の安全性の判断に資する事項等）の表示に著しい虚偽・誤認表示がある商品等

第14章　プラットフォーム（2）

表2　主なプラットフォーム運営事業者

運営事業者	オンラインモール	決済を提供する プラットフォーム	取引デジタル プラットフォーム	特定デジタル プラットフォーム
アマゾンジャパン合同会社	Amazon.co.jp	○	○	○
楽天グループ株式会社	楽天市場	○	○	○
ヤフー株式会社	Yahoo! ショッピング	○	○	○
Apple	App Store	○	○	○
Google	Google Play ストア	○	○	○
Stripe	Stripe	○	○	×
BASE	BASE	○	○	×
PayPal	なし	○	×	×

これまで、決済を提供するプラットフォーム、特定DPF、取引DPFについて説明してきましたが、主なプラットフォーム運営事業者が何に該当するか、**表2**にまとめました。

相談あっせんのポイント

決済を提供するプラットフォームやDPFが介在する取引が絡む苦情の場合は、次の点に留意してください。

①本来の交渉相手は販売業者
②プラットフォーム運営事業者には積極的に協力を求める。例えば、PayPalには「買い手保護制度」があり、当てはまる場合は適用を求める。
③国際カードのイシュアーなど決済を提供する事業者にも協力を求める。

販売業者と連絡が取れないということも多く、その場合はプラットフォーム運営事業者に協力を求めます。一部に苦情の連絡窓口を設けていないプラットフォームもあるようですが、制度が苦情処理体制の構築を求めていることなどから、今後は対応が進むことに期待したいところです。

なお、取引DPF法に基づき、販売業者の情報の開示を請求することも選択肢の1つです。

国際カードのイシュアーは、プラットフォーム経由の取引に関して、詳細な情報を持っていないことが多いです。プラットフォームと連絡が取れない場合や、そもそもプラットフォームの介在が判然としない場合などに協力を得るのがよいと思います。ただし、国際カードのイシュアーは、プラットフォーム経由の取引の場合にはチャージバック対象外（行っても成立しないと想定される）取引である場合が多く、結局イシュアーが、苦情解決にあまりかかわらない傾向もみられます（**図2**）。

第14章　プラットフォーム（2）

図2　プラットフォームが絡む苦情相談対応時の交渉順位

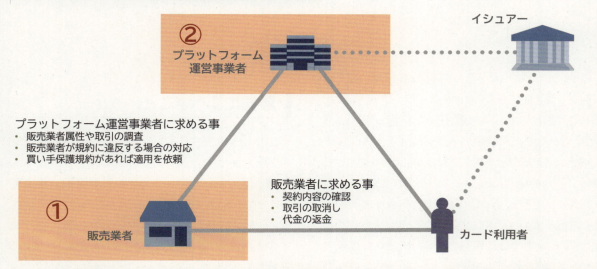

要点
- 販売業者との交渉を優先することが原則だが、プラットフォーム運営事業者にも販売業者と同等の責任があると思われる
- プラットフォーム運営事業者に買い手保護規約があれば、適用できるか、その条件を確認
- クレジットカード等のイシュアーは取引の当事者ではないため交渉先にはなりにくい

多様化・重層化する キャッシュレス決済 ―そのしくみとサービスを学ぶ―

第15章　相談を受ける際のポイント(1)

キャッシュレス決済が絡む消費生活相談に臨むに当たって最も重要なことは、キャッシュレス決済まわりを中心にトラブルとなった取引の全体像が把握できるかどうかです。相談者の説明には不正確な点も多く、また十分な情報が提供されないことも多いと思います。そういう場合には、一つ一つの決済にとらわれることなく、できるかぎり全体を俯瞰してみて取引の流れを把握するよう心がけるとよいでしょう。全体像を把握していく過程では、相談者が巻き込まれた事象の一つ一つをつないでいきますが、つながらない部分が残る場合は全体の解釈に間違いがあるか、相談者が説明していない事実が隠されている可能性もあります。

よく受ける相談に、「絶対にあり得ないことが起こった」という話があります。ここは冷静に考えていただきたいのですが、本来、「あり得ないこと」は起こらないものです。相談者からは「いつ」「どこで（ネットの場合はサイトやアプリ）」「誰が」「何を」「なぜ」「どのように」（いわゆる5W1H）の順に事象や行為面からの事実確認を優先してください。最近の消費者の多くがスマホを用いていますから、スマホをどう操作したのか、スマホで何をしていてそうなったのか、などの経緯（なぜ、どのように）をつかむことも重要です。

最終的に、確認できた事実を時系列に並べて全体像を把握していきます。事実がつながらず、流れが把握できない場合には、何らかの誤解があるか、相談者が認識していない事実が隠されていることを疑ってください。

■ 最初にすべきこと

全体像を把握するには事実を示す証拠（エビデンス）が重要です。

例えば、クレジットカードなどの利用明細、注文時のメールやSNSのメッセージなどがそれに当たります。特にメールやSNSなどのメッセージには、購入した（はずの）商品やサービスが金額とともに表記されている可能性もあります。さらにメールやメッセージには受信した日時（タイムスタンプ）が正確に記されますので、それらも重要な証拠となります。

■ 決済手段の仕分け

全体像の把握がすんだら、キャッシュレス決済の手段やそれに用いられたスマホ、パソコンなどを仕分けてみます。特に最近はスマホやデジタルプラットフォームの浸透によって1つの取引にキャッシュレス決済が重層化して用いられる傾向がありますから、この「仕分け」は重要です。

典型的な2つの例を見てみましょう。

Ⓐスマホでゲーム課金
ゲーム課金はスマホプラットフォームを通じてキャリア決済で支払い。キャリア決済は最終的に翌月にクレジットカード払いとなっている。

Ⓑ URLがメールで送られてきてカード決済
販売業者と相談者が何らかのやりとりを行っ

た結果メールが送られ、メールに記載されている URL をクリックし、国際カード（クレジットカード）で支払った。この場合スマホだけでなくパソコンを用いている可能性もある。

　この 2 つを例に仕分けの方法を述べていきます。
　まずⒶはキャッシュレス決済が、①キャリア決済 ②クレジットカードの 2 つに重層化した典型例です。この取引の直接の決済手段は、キャリア決済とクレジットカード決済のどちらでしょうか。言うまでもなく、それは最初に用いたキャリア決済であり、クレジットカードは直接の決済手段ではなく、あくまで二次的な決済手段です。
　契約上の責任はともかく、この場合、取引の時点で用いられた決済手段はキャリア決済なので、まず販売業者、そしてキャリア決済を提供する通信事業者との交渉を優先するのが妥当です。二次的な支払手段に過ぎないクレジットカードのイシュアーは、この取引に関して当事者意識が少なく、またクレジットカード取引としてみれば、キャリア決済の請求をクレジットカード払いで処理しただけですので、元となる取引の妥当性などを評価することも難しい立場にあります。
　次にⒷを見てみましょう。Ⓑは「メール内の URL」が鍵で、これが PayPal、Stripe などの決済サービスを用いた請求である可能性があります。しかし、相談者の多くはそれを意識せず、クレジットカードで支払ったと認識していることも多いので注意が必要です。この場合には、販売業者と相談者の間にメールで請求が可能な決済方法（メールリンク決済）を提供する決済機能プラットフォーム（以下、プラットフォーム）である PayPal、Stripe などの存在が考えられます。このような取引では本来の販売業者はプラットフォームの利用者なのですが、プラットフォームもアクワイアラーとの契約上、販売業者（加盟店）の役

割の一部を担う場合もあります。つまり販売業者は販売するマーケットプレイスを提供するという意味で販売業者であり、そこで販売するプラットフォームの利用者も販売業者となるわけです。そうなればこの例は販売業者が重層化するという特異な状態にあるともいえます。
　もう 1 つ、プラットフォームが入った場合、その結果支払いがされたクレジットカードのイシュアーに当事者意識が薄いという点も認識しておくべき傾向です。クレジットカード会社（イシュアー）から見てこのような取引は「プラットフォーム上で何らかの支払いに用いられた」ことしか認識できません。言い換えれば、PayPal などのプラットフォーム事業者が関与した取引について、クレジットカードのイシュアーは当事者ではなく、二次的な立場にあるともいえます。実際に、チャージバック処理を依頼してもプラットフォーム事業者に受け入れられない場合が多く課題でもあります。

■ 交渉先の絞り込み

　決済手段の絞り込みがある程度できたら、交渉先を絞っていきます。言うまでもないことですが、トラブルの原因を生んだ取引が原点ですので、取引の相手である販売業者が第一の交渉先です。ところが、実態として最近の悪質な販売業者は顔が見えず連絡も取れないようなこともあります。そのような場合は、キャッシュレス決済を担う事業者に相談します。では、キャッシュレス決済を担う事業者とはどこでしょうか。その例を決済手段別に見ていきます。今回は国際カードが使われた場合を解説します。

第15章 相談を受ける際のポイント（1）

国際カードが絡む取引の場合

まず①販売業者（加盟店）との交渉が優先されますが、販売業者が応じない場合などは②イシュアー、また、取引に決済代行会社が関与しており、決済代行会社がどこかが判明している場合は③決済代行会社も交渉先になり得ます。この際にそれぞれの交渉先への依頼事項は次のとおりです（図）。

①販売業者（加盟店）

販売方法に問題がなかったか、約束されたサービス等が提供されているかどうか、説明の内容と実際の状況で異なる点を具体的に聴き取っておくことなどが重要です。

②イシュアー

相談者、販売業者から聴き取った内容を正確に伝え、イシュアーに取引内容の確認（調査）を依頼します。販売店の問題が明らかな場合は、合理的な理由（証拠）を添えてその旨を伝えます。クレジットカードで請求額が確定している場合は、調査を行う間、請求をいったん停止してもらえないか相談することも重要です。

なお、クレジットカード取引の請求停止措置を求める際に、割賦販売法による抗弁権の接続の対象ではない一括払いの場合に、後リボ設定を行って、イシュアーに請求停止措置を強要するケースが一部にみられます。イシュアーに支払い停止に応じてもらうために制度上の根拠を主張することが間違いとは言えません。しかし、請求の停止を求める目的で一括払いを後リボ設定によってリボ払いに変更する場合は注意が必要で、「イシュアーから指示があった場合」に限定するようにしてください。その理由は、イシュアーによっては、利用者が本来の目的ではなく、支払い拒否などの利己的な都合で後リボ設定を行った「信義に反する行為」とネガティブにとらえることもあるからです。イシュアーにそうとらえられると、後の対応が消極的になるなどマイナスの影響も考えられます。

図 国際カード取引の場合の交渉例

― 65 ―

③決済代行会社

　相談者、販売業者から聴き取った内容を正確に伝えます。販売業者の問題が明らかな場合にその理由を伝えることもイシュアーに伝える場合と変わりません。決済代行会社が販売業者の問題を認識した場合は、実際に代金の返金を受けられる事例が多いことも認識しておくべきです。

　決済代行会社がどこか分からない、という声を聞くことがあります。その場合は類似した過去の相談事例の情報などから絞り込んでいくなどの調査が必要です。イシュアーも決済代行会社がどこかを認識していない場合が多いですが、認識できている場合にはイシュアーから聴き取れることもあります。

　決済代行会社がどこかを見極めることは、国際カードや前払式支払手段などのトラブルではとても重要ですが、問題は確実な確認方法がないことです。相談員の経験や情報量が鍵ともいえますので、決済代行会社の情報はできる限り相談員の間でも共有するなどの工夫が求められるように思います。

　国際カード取引の場合の交渉のポイントをまとめますと、イシュアーには調査と請求の保留（停止）を依頼し、決済代行会社が関与していて、その連絡先が判明していれば、決済代行会社にも調査と可能な場合は返金を求める、ということです。

多様化・重層化する キャッシュレス決済 ―そのしくみとサービスを学ぶ―

第16章　相談を受ける際のポイント(2)

　キャッシュレス決済が絡む相談において、決済手段の絞り込みがある程度できたら、交渉先を絞っていきます。取引の相手である販売業者が第一の交渉先ですが、連絡も取れないような場合は、キャッシュレス決済を担う事業者に交渉します。

前払式支払手段（サーバ型）の場合

　相談者が前払式支払手段（サーバ型）で代金を支払った場合と、いわゆる「電子マネーを買ってきて」被害にあった場合で異なります。前者の場合は国際カード同様、まず①販売業者（加盟店）との交渉が優先されますが、販売業者が交渉に応じない場合などは②イシュアー、また、決済代行会社の存在が認められ連絡先などが判明していれば③決済代行会社も交渉先になり得ます。この際にそれぞれの交渉先への依頼事項は次のとおりです（図1）。

①販売業者（加盟店）

　基本的に国際カードの場合と同じです。販売方法に問題がなかったか、約束されたサービス等が提供されているかどうか、説明の内容と実際の状況で異なる点を具体的に聴き取っておくことなどが重要です。

図1　前払式支払手段（サーバ型）の場合の交渉順

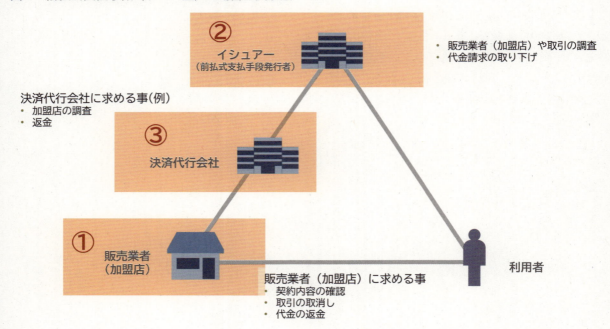

②イシュアー

販売業者から聴き取った内容を正確に伝え、イシュアーに取引内容の確認（調査）を依頼します。販売業者に明らかに問題がある場合は、合理的な理由（証拠）を添えてその旨を伝えます。

③決済代行会社

基本的に国際カードの場合と同じです。

次に、だまされて証票をコンビニで購入し、コード番号を伝えてしまった場合は、警察に被害にあった旨を届け出、同時に前払式支払手段発行者（イシュアー）に連絡して、購入したコード番号の利用停止措置を依頼してください。限定的ではありますが、証票を購入したコンビニが返金処理に応じた例もありますので、コンビニにも確認してみましょう。

キャリア決済の場合

他の決済手段同様、①販売業者との交渉が優先されますが、うまくいかない場合にはキャリア決済を提供している②通信事業者、次に決済代行会社の存在が認められ、その連絡先が判明していれば③決済代行会社に相談します（図2）。

①販売業者

国際カード、前払式支払手段（サーバ型）の場合と同様。

②通信事業者

相談者、販売業者から聴き取った内容を正確に伝え、取引内容の確認（調査）を依頼します。販売業者に明らかに問題がある場合は、合理的な理由（証拠）を添えてその旨を伝えます。ただし、国際カー

図2　キャリア決済の場合の交渉順

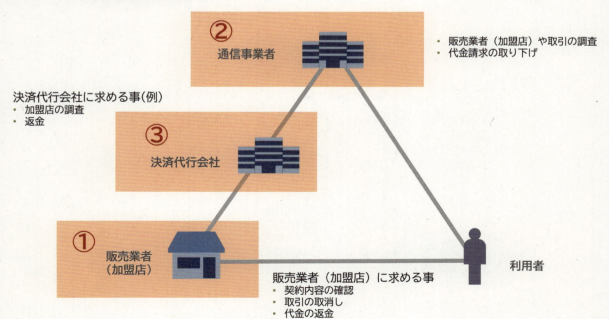

第16章 相談を受ける際のポイント（2）

ドなど他の決済手段のイシュアーに比べ通信事業者は積極的に協力してくれない事例が多いので、注意が必要です。

③決済代行会社

基本的に国際カードの場合、前払式支払手段（サーバ型）の場合と同じです。

（コンビニ）後払い決済の場合

他の決済手段同様、①販売業者との交渉が優先されますが、最近の後払い決済が絡む事例にはアフィリエイト広告などから誘導される、悪質な販売業者による事例などが目立ち、そのような事業者は連絡が取れないことも多いようです。次に、②後払い決済サービス事業者に連絡し、苦情処理の協力を求めます（**図3**）。

コード決済とタッチ決済

コード決済とタッチ決済は一見よく似たアプリのように見えますが、その性質は大きく異なります。コード決済はアプリ自体がキャッシュレス決済サービスとなっており、コード決済提供事業者がキャッシュレス決済を担う事業者（イシュアー）です。それに対してタッチ決済のアプリは「お財布」機能を提供する「媒体」に過ぎません。実際の支払いは登録された電子マネーやクレジットカードなどで行われます。

相談対応では、共通して①販売業者との交渉が優先されますが、2番目の交渉先であるキャッシュレス決済の担い手が、コード決済とタッチ決済で異なります。コード決済の場合（**図4**）はイシュアーに当たる②コード決済提供事業者、タッチ決済の場合（**図5**）は実際に利用された電子マネーやクレジットカードなどの②イシュアーであり、タッチ決済アプリの提供

図3 （コンビニ）後払い決済の場合の交渉順

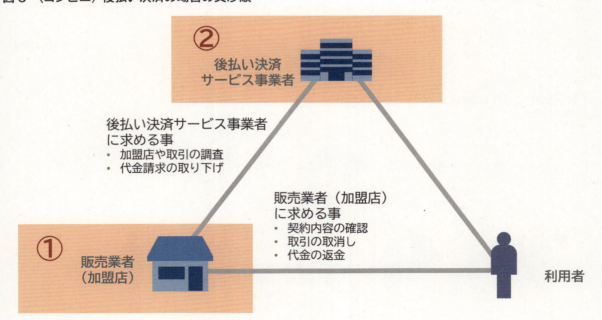

第16章 相談を受ける際のポイント（2）

事業者（Apple、Googleなど）ではありません。
　コード決済の場合について補足しますと、コード決済提供事業者は前払式支払手段発行者、資金移動業者、銀行[1]等のいずれかに当たります。実際に多いのは前払式支払手段で、その場合の相談対応の流れは本稿の前払式支払手段（サーバ型）の項目で解説したとおりです。問題は事業者が資金移動業者または銀行等だった場合です。資金移動業者

図4　コード決済の場合の交渉順

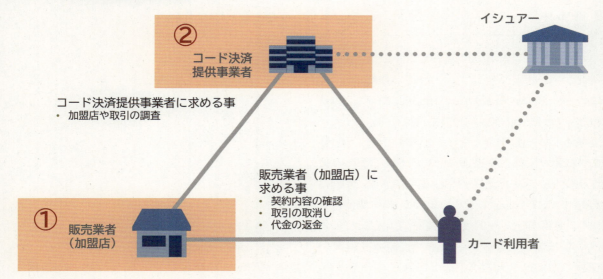

図5　タッチ決済の場合の交渉順

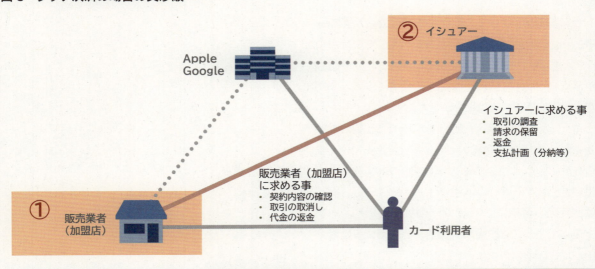

[1] 本稿で銀行とは普通銀行、信託銀行、協同組織金融機関（信用金庫、信用組合、労働金庫、農漁協等）などの金融機関を指す

第16章　相談を受ける際のポイント（2）

と銀行等に対しては、制度上は消費者が決済でトラブルに巻き込まれた場合の苦情処理の要件が明確ではありません。そのため、制度を根拠に事業者に協力を依頼するのではなく、より実務的に交渉を進めていくべきです。

まとめ

　キャッシュレス決済は日々進化しており、ますます複雑化が進む状況にあります。ただでさえ複雑で分かりにくいキャッシュレス決済が、今後さらにややこしくなるわけですから、悩ましい限りです。

　最近私が相談員から受ける質問は、チャージバックやお金の流れ、事業者に対応を求めるための制度根拠など、より専門的で高度な内容が多い傾向にあります。しかし、複雑化したキャッシュレス決済に関して、業務のしくみや制度を深掘りしていくことには限界があります。分からない事柄で行き詰まってしまい交渉が進まない事例も多いように思います。そのような場合には、視点を変え、全体を俯瞰して見直すことも必要です。

　私の経験からいえることですが、相談員が細部を深掘りして調査を進めた事例には、誤認や重要な項目を見逃していることが多い場合があります。不明点が多くても、実務的に事業者との交渉を進めたほうが、解決が早いことは明らかです。

　キャッシュレス決済のトラブルに限ったことではありませんが、適切な交渉先の絞り込みと交渉先に何を求めるかなどの「相談を進める戦略」がより重要だと思います。キャッシュレス決済が絡むややこしい相談は、戦略を明確にしたうえでトラブルを俯瞰し、本稿で述べたように交渉先の絞り込みを進めてみてはいかがでしょうか。

多様化・重層化する **キャッシュレス決済** —そのしくみとサービスを学ぶ—

第17章　海外のキャッシュレス決済の傾向と日本の今後

■ 日本のクレジットカードは異端

　まず、日本のクレジットカードは、海外でいう一般的なクレジットカードとは異なります。海外といっても広いので国や地域で事情は異なるのですが、それでも海外でクレジットカードといえば普通はリボ払い専用のものが正統といえます。一括払いのカードは限定的で、むしろ例外的な存在です。さらに、意外にもリボ払いの手数料が高い地域も多いです。日本のクレジットカードにはおおむね 15% の金利が設定されていますが、クレジットカードが普及するアメリカは 20 〜 30%、カナダもおよそ 20% と、いずれも相当高い水準といえます。アメリカでは連邦法（federal law）が貸付の上限金利を定めていないため、基本的には金融機関などが任意に設定しています。しかし、それでなぜ問題にならないのでしょうか。答えは単純ではないのですが、あえて一言でいえば、リボ払いの手数料（APR: Annual Percentage Rate、実質年率）はクレジットカードの発行者と消費者の間の経済条件の 1 つで、消費者がその条件に納得しているからといえます。アメリカで APR はクレジットカードの商品性を表す指標の 1 つで、消費者がクレジットカードを申し込む際の選定基準にもなっています。利用者にとって APR は低ければ低いほどよいわけですが、APRが低いカードは一般に信用スコアが高い人向けのハイステータスカードになっています。信用スコアが低い人は APR が高いクレジットカードしか選択できず、低所得者は高所得者よりも高い APR を払う必要があるわけです。実はこれはアメリカなどの経済状況を象徴しているともいえます。つまり、高所得者は支出をま

すます増やし、低所得者は支出を抑えざるを得ないという格差も生み出しているわけです。

　アメリカでは年会費が無料のクレジットカードが多いですが、その代わりに利用者は高い APR を支払っています。これが年会費以外に利用者が手数料などを支払うことのない日本のクレジットカードとの大きな違いです。クレジットカードの入会時の対応も異なります。アメリカでクレジットカードを発行する銀行の多くは、入会を促すために入会直後一定期間は APR をゼロにしたり、利用額の多い会員には APR を低く設定したりするなどして、新規利用者を勧誘することがよく行われています。これは日本でいえば入会時にポイント付与率を 2 倍にするなどの対応の代わりともいえるでしょう。

■ 銀行口座の Saving と Checking の違い

　クレジットカードばかりでなく、銀行のサービスも日本と海外で異なる面があります。例えば、多くの国で銀行がクレジットカードを発行している点は、日本と大きく異なる側面といえます。今では日本でも銀行がクレジットカードを発行することが可能ですが、以前はできませんでした。そのため、日本では銀行に代わり数多くのクレジットカードの発行や加盟店の開拓を行うことに特化した「クレジットカード会社」が設立され、クレジットカードを発行してきたという経緯があります。

　次に欧米型の銀行の特徴に、口座を開設すると Saving Account と Checking Account の 2 つの枠が設定されるという点があります。Saving Account、

Checking Account のどちらにも資金を入れることができますが、Checking Account には金利が付かず、金利が付くのは Saving Account のほうだけです。一般にクレジットカードや小切手の支払いなどの日常的な支払いは Checking Account で行い、預金目的の資金はなるべく Saving Account に入れておく、という使い分けをします。入金については小切手を払い出す場合や、銀行振込によって入金を受ける場合に Saving Account と Checking Account のどちらで受け取るのかを選択しておくこともできます。

次に、アメリカなどの多くの国ではクレジットカードがリボ払い専用のため、その月の利用額に応じて定額（minimum payment）の支払いと、それを超える利用分が残高（Credit Balance）として残ります。これは日本でいうリボ残高に当たります。リボ残高は負債なので減らすように心がける必要がありますが、そのためには繰上返済をすればよいわけです。リボ残高の繰上返済に関しては、日本ではカード会社が提携する ATM から現金を振り込むなどしなければならず面倒です。アメリカなど海外の銀行では Credit Balance の支払いを月末だけでなく、事前に Checking Account から支払うこともでき、日本よりも簡単に「繰上返済」ができるようになっています。アメリカなどでは高い APR を利用者に払わせるばかりでなく、返済するためのインフラも整備されているわけです。インターネットバンキングやスマホアプリには Saving Account、Checking Account、Credit Balance の 3 つの枠とそれぞれの金額が常に表示され、利用者は金額（残高）を見ながらそれぞれの枠に資金を移すなどして管理できるようになっています。例えば、確定申告還付金や株式売却益などが入るとその資金を Credit Balance に充てて返済する人も多いという話も聞いています。

さらに、海外ではクレジットカードに加えてデビットカードの併用が進んでいます。そもそも信用スコアが低くクレジットカードが持てない人もいますが、クレジットカードを持つ人がデビットカードも持つことも多いです。アメリカの Visa（ビザ）、MasterCard（マスターカード）の利用額は既にクレジットよりもデビットのほうが多い状況で、それ以外の国や地域でもデビット利用がクレジット利用を上回る所が多いです。アメリカなどではデビットカードの支払いを Checking Account に設定しておき、日常の支払いはデビットで、高額で残高不足が心配な支払いをクレジットにしておく、という使い分けもよく行われています。

日本とは少し異なる海外の BNPL

一時期、海外で BNPL（Buy Now Pay Later）の普及が進んでいる、というニュースが飛び交いました。海外で BNPL というと、クレジットも含めた後払い全体を指すことが多いです。クレジットカードは、保有するために一定以上の信用スコアが求められるなどのハードルがあるわけですが、BNPL はクレジットカードとは異なり信用スコアなどの条件がなく利用しやすい簡易な方式が話題となり、この簡便さが消費者に受け入れられたという背景があります。「簡便さ」が消費者に受け入れられた点は日本のコンビニ後払いと同じなのですが、海外ではコンビニで代金を支払う方式は少なく、ほとんどがアプリで支払う方式になっている点が異なります。アプリでの支払いは銀行口座と紐付けて支払う方法に加え、クレジットカードで支払える BNPL もあります。後払いをさらにクレジットで支払う、という点に疑問を感じる人もいると思いますが、結果的に海外では過剰債務の増加などが問題となり、BNPL も金融当局の規制下に置かれるようになった地域が増えています。

今後の国内のキャッシュレス決済

今後の国内でのキャッシュレス決済の動向は混沌として明快ではないのですが、差し当たり3〜5年程度先までを想像してみると大きく2つの流れが見えてきます。1つは、言うまでもなくネット、スマホ化がさらに進むことです。今の若年層の行動を見れば、それに異論を唱える人は少ないと思います。スマホを使って決済するということは、本書でも述べたとおり、プラットフォームやスマホアプリなどが重層的に絡む複雑な関係の中で決済が処理されるということで、そのような決済が今後ますます増えていくというわけです。

もう1つの流れは、しばらく新しいスマホ決済やキャッシュレスサービスが増えて、乱立気味の状況が続くと考えられることです。例えば、2024年9月30日時点での前払式支払手段発行者の登録は自家型が1,190、第三者型が836もあります。注目すべき点は自家型の登録数が近年増えていることです。簡単に言えばプリペイド銘柄が増えているということです。最近は、コード決済などのキャッシュレス決済アプリを、以前よりも簡単に用意できる環境が整いつつあります。そのため、特定のショップや地域に限定して利用可能なプリペイド式のスマホ決済サービスが増加しており、デジタル地域通貨などはその一例といえます。プリペイドだけでなくクレジット払いも多様化しています。これまでのクレジットカードだけでなく、スマホ決済にもクレジットカード紐付け、あるいは少額のリボ払い（少額包括信用購入あっせん）などが組み込まれていく傾向も表れています。

最後に

キャッシュレスサービスの種類が増えたとしても、その基本はシンプルに後払い、前払い、即時払い（銀行口座）に集約されます。専門的には包括信用購入あっせん、前払式支払手段、資金移動、銀行口座（デビットや送金）の基本的な枠組みに多くの事例が当てはまります。それに加えて、変則的には収納代行が用いられている場合もあります。さらに暗号資産やステーブルコインなどが絡む事例もありますが、現時点で収納代行、暗号資産、ステーブルコインなどはキャッシュレス決済とは別枠としてとらえ、その解説などは別の記事などに委ねたいと思います。

キャッシュレス決済が絡むトラブル解決の方法に近道はありません。チャージバックなどの適用を追求することも大切かもしれませんが、それ以上にキャッシュレス決済の基本的な枠組みを正しく理解し、事象をみて冷静に整理、分析できるかどうかがより重要です。そのためには相談者の説明をうのみにせず、さまざまな角度から事実を確認していくことが必須といえます。交渉は、関係する販売者や事業者と事実に基づき合理的に、かつ粘り強く進めていくことに限ります。結局のところ、これ以外に問題解決に結び付く方法はないように思います。

日々業務に忙しい相談員が、キャッシュレス決済の基本を一つ一つ理解していくことは容易ではないと思います。それでも、本書がわずかでも相談員の皆さんの業務のお役に立てることを願いながら、筆を置きたいと思います。ありがとうございました。